Obermair / Schneider

OBST HALTBAR MACHEN

Einkochen, einlegen, trocknen usw.

Leopold Stocker Verlag
Graz – Stuttgart

Umschlaggestaltung: Atelier Geyer, Graz
Umschlagfoto: Atelier Geyer, Graz
Fotos im Textteil: R. Schneider, M. Obermair, W. Gaigg

Hinweis:
Dieses Buch wurde auf chlorfrei gebleichtem Papier gedruckt.
Die zum Schutz vor Verschmutzung verwendete Einschweißfolie ist aus Polyethylen chlor- und schwefelfrei hergestellt. Diese umweltfreundliche Folie verhält sich grundwasserneutral, ist voll recyclingfähig und verbrennt in Müllverbrennungsanlagen völlig ungiftig.

ISBN 3-7020-0821-7

Printed in Austria
Druck: Druckerei Theiss GmbH, A-9400 Wolfsberg

INHALT

VORWORT

In vielen Haushalten stellte das Einkochen schon immer ein alljährlich wiederkehrendes Ritual dar. Unsere Großeltern waren wahre Meister der Vorratshaltung. Immer, wenn die Natur ihren reichen Früchtesegen ausgebreitet hatte, wurden wohlgehütete Rezepte und die Einkochutensilien hervorgeholt. Die Einkochsaison war eröffnet!
In unserer schnellebigen Zeit haben wir meist schon verlernt, daß zum Reifen, Ernten, Verarbeiten und besonders zum Genießen sowie zum Erzielen eines guten Geschmackes genügend Zeit notwendig ist. Durch das ganzjährige Angebot an frischem Obst sowie Halbfertig- und Fertigprodukten der Lebensmittelindustrie geht vielen das Wissen über die Erntesaison, den natürlichen Rhythmus der Jahreszeiten und das Geschmackserlebnis der jeweiligen heimischen Früchte verloren. Denn z.B. Erdbeeren schmecken nur in der Erdbeersaison auch wirklich nach Erdbeeren. Frische Erdbeeren, die zur Weihnachtszeit angeboten werden, sehen zwar wie Erdbeeren aus, haben aber keinen typischen Erdbeergeschmack.
Das Bild des Haltbarmachens und der Bevorratung hat sich durch die Kleinstruktur der Haushalte, verstärkte Berufstätigkeit der Frauen, unzureichende Lagermöglichkeiten und andere Faktoren gewandelt. Es ist nicht mehr notwendig, riesige Obstmengen aus dem Garten zu verarbeiten und Wintervorräte anzulegen.
Der neue Trend der Vorratshaltung resultiert aus einer Mischung aus Spaß am Selbermachen, einer heimlichen Sehnsucht nach einem Stück unbeschwerter Kindheit, einer sinnvollen Freizeitgestaltung, dem Überdruß an Konsumzwängen und dem Bewußtsein, daß Hausgemachtes besser schmeckt als jede Industriekonserve.
Denn in jedem Glas Selbstgemachtem steckt auch immer ein Stück ganz persönlicher Fürsorge für die eigene Familie und Freunde.
Wir haben für Sie bewährte, aber auch raffinierte Rezepte mit Obst ausprobiert und zusammengestellt. In diesem Buch finden Sie neben einer Vielzahl von Rezepturen auch fachliche Anleitungen für die verschiedensten Methoden des Haltbarmachens: vom Einfrieren, Einmachen von Kompott, Obstmus, Obströster, süß-saurem Einlegen von Früchten, von der Konfitüren- und Geleebereitung, den vielen Möglichkeiten der Obstsaftbereitung, getrocknetem und kandiertem Obst, würzigen Obstchutneys bis hin zu fruchtigem Konfekt, Fruchtaromaessigen und nicht zuletzt „geistigen Früchten".
Haben Sie Spaß am Selbermachen, an der eigenen Kreativität und der Lust auf das Besondere. Hausgemachte Spezialitäten vom eigenen Obstgarten sind für viele bäuerliche Familien wieder zu einer neuen Einkommensquelle geworden. Immer mehr Konsumenten schätzen den Einkauf von naturbelassenen, „g'schmackigen" Spezialitäten vom Bauernhof. Dieses Buch ist sowohl für den kleinen als auch für den großen Haushalt, für Hobbyköche und auch für bäuerliche Direktvermarkter gedacht.

Gutes Gelingen, viel Freude und Spaß beim Ausprobieren sowie Zeit zum Genießen Ihrer hausgemachten fruchtigen Köstlichkeiten wünschen Ihnen

Marianne Obermair
Romana Schneider

WÖRTER- UND MASSEINHEITENVERZEICHNIS

Goldmelisse:	Indianernessel, Monarde
Hagebutten:	Hetschepetsch
Heidelbeeren:	Schwarzbeeren, Blaubeeren
Holunder:	Schwarzer Holler
Jostabeeren:	Kreuzung zwischen Stachelbeeren und Schwarzen Ribiseln
Kornelkirschen:	Dirndln
Marillen:	Aprikosen
Mirabellen:	Kriecherln bzw. kleine Ringlotten
Neugewürz:	Piment
Orangen:	Apfelsinen
Preiselbeeren:	Granten
Ribiseln:	Johannisbeeren
Ringlotten:	Reineclauden
Sud:	Aufgußflüssigkeit
Topfen:	Quark
Vogelbeeren:	Ebereschen
Weichseln:	Sauerkirschen
Zesten:	dünne Schalenstreifen von Zitrusfrüchten
Zwetschken:	Zwetschgen

EL:	Eßlöffel
TL:	Teelöffel
Msp.:	Messerspitze
Pkg.:	Packung
100 g:	10 dag
100 ml:	1/10 Liter
1000 g:	1 Kilogramm
1000 ml:	1 Liter
125 g:	1/8 Kilogramm
125 ml:	1/8 Liter
250 g:	1/4 Kilogramm
250 ml:	1/4 Liter
500 g:	1/2 Kilogramm
500 ml:	1/2 Liter
750 g:	3/4 Kilogramm
750 ml:	3/4 Liter

EINKAUF

Der erste und sehr entscheidende Schritt im qualitätsbewußten Umgang mit Obst ist der Einkauf. Für Gartenbesitzer sind sowohl Sorgfalt beim Anbau und den Pflegemaßnahmen als auch gute Erntebedingungen entscheidend.

Jedes Obst hat seine Saison! Während der heimischen Erntezeiten finden Sie Früchte in bester erntefrischer Qualität ohne lange Transportwege direkt bei Ihrem Obstbauern oder auf Märkten. Saisonales Obst kann in dieser Zeit auch sehr preiswert und günstig eingekauft werden. Eine echte Alternative sind die immer beliebteren Selbstpflückanlagen. Dort können Sie Ihr Obst, z.B. Erdbeeren, Himbeeren, Heidelbeeren etc., direkt und frischest ernten. Nebenbei ist es auch noch ein besonderes Erlebnis für die Kinder, da Naschen ohne Beschränkungen erlaubt ist. Alle jene, die gerne von ihrem eigenen Obstbaum ernten möchten, aber keine Gartenbesitzer sind, haben seit neuestem die Möglichkeit, ihren persönlichen Apfelbaum bei einem Bauern zu mieten. Der Einkauf von frischen Früchten in der Saison sollte eine Selbstverständlichkeit sein. Denn nur das Beste sollte gerade gut genug sein, um in unsere Gläser und Vorratsräume zu wandern. So können Sie das reichhaltige Angebot der Sommer- und Herbstmonate das ganze Jahr über genießen.

Achten Sie beim Einkauf auf die äußere und innere Qualität der Früchte. Zur ***äußeren Qualität*** gehören gesundes, sauberes und frisches Aussehen, Fehlen von fremdem Geruch und Geschmack. Überlagertes, angefaultes Obst hat bereits an Aroma, Geschmack und Nährstoffen verloren. Vergewissern Sie sich durch genaues Hinsehen, Hinschmecken und Hinriechen mit all Ihren Sinnen von der einwandfreien Qualität. Zur ***inneren Qualität*** gehören der hohe Gehalt an Vitaminen und Mineralstoffen, das Freisein von schädlichen Stoffen (Schadstoffe, Überdüngung) und die Lager- und Konservierfähigkeit. Für unsere Gesundheit ist die innere Qualität ausschlaggebend. Achten Sie beim Einkauf auf kontrollierte Gütezeichen oder halten Sie persönlich Kontakt zu Ihrem Bauern. Als Gartenbesitzer sollten Sie auf die Grundsätze der Erzeugung von gesunden Lebensmitteln achten und Ihre „Fruchtschätze“ so natürlich wie möglich kultivieren.

LAGERUNG UND PFLEGE DES VORRATES

Damit die Freude an Ihren selbstgemachten Schätzen das ganze Jahr über anhält und Ihr wertvolles Eingemachtes nicht verdirbt, sind einige wichtige Regeln und Pflegemaßnahmen zu beachten:

- Selbsteingemachtes und Gefriergut immer mit Bezeichnung, Menge und Datum versehen.
- Besonders in der ersten Zeit eine regelmäßige Kontrolle auf luftdichten Abschluß machen.
- Bei offenen Gläsern den Inhalt sofort verzehren bzw. bei Genußuntauglichkeit den Inhalt nicht mehr verwenden.
- Faulendes oder schimmelndes Obst sofort aussortieren, bevor gesundes angesteckt wird.
- Wertvolle Dienste leistet der Vorratsplan, der raschen Überblick über die Vorratsmenge gibt.
- Neue Vorräte immer nach hinten in das Regal oder den Vorratsschrank stellen. Ältere Ware immer zuerst verbrauchen.
- Sauberkeit, richtige Lagerbedingungen und ständige Kontrolle der Vorräte sind die besten Mittel, um den Vorrat vor Schaden zu bewahren.
- Details über spezielle Lagerbedingungen finden Sie jeweils in den Empfehlungen für die Praxis.
- Nur so viel konservieren, daß die Obstvorräte spätestens bis zur nächsten Ernte aufgebraucht werden können.

EINFRIEREN VON OBST

Kälte zur Verlängerung der Haltbarkeit von Lebensmitteln wurde von unseren Vorfahren schon im frühen Altertum genutzt. Schnee, Eis und kalte Wasserquellen boten auf ganz natürliche Weise die richtigen Voraussetzungen, um Lebensmittel haltbar zu machen. Die Pioniere des Tiefkühlens waren vermutlich die Bewohner arktischer Zonen, für die es stets selbstverständlich war, ihre Fang- und Jagdbeuten in der natürlichen Kälte ihrer Umgebung aufzubewahren. Mitte des 19. Jahrhunderts entstand die erste Kältemaschine, und die Kombination dieser Erfindung mit einem Kompressor machte es möglich, die ersten Tiefkühlhäuser zu bauen. Für private Haushalte wurden Tiefgefriergeräte erst nach dem Zweitem Weltkrieg entwickelt. Die ländliche Bevölkerung war in den fünfziger Jahren Wegbereiter für diese Technik. Sie benutzte die ersten Gemeinschaftsgefrieranlagen mit abschließbaren Fächern für jede Familie. Heute ist beinahe jeder Haushalt mit einem Kühl- und Gefriergerät ausgestattet. Das langfristige Haltbarmachen durch Kälte ist die jüngste Methode der Konservierung.

Das Prinzip des Gefrierens

Tiefkühlen, Einfrieren oder Tiefgefrieren heißt: Lebensmittel bei tiefen Temperaturen rasch und bis in den Kern einfrieren. Dabei rechnet man mit Kältegraden im Kern von –18° C und tiefer. Beim Gefrieren wird das Wachstum von Mikroorganismen durch entsprechende Temperaturen und Ausfrieren von Wasser unterbunden, sie werden dabei aber nicht abgetötet. D.h., beim Auftauen mit steigender Temperatur können sie sich wieder vermehren. Erst bei Temperaturen von mindestens –40° C werden auch Reaktionen durch lebensmitteleigene Enzyme unterbunden.

Vorteile des Tiefgefrierens

- Obstüberschüsse aus dem eigenen Garten, saisonale Spezialitäten von Selbstpflückanlagen und günstige Angebote der Saison können besonders vorteilhaft verwertet werden.
- Die gute Ausgangsqualität (Nährwert, Farbe, Geschmack, Aussehen) ist beim Tiefgefrieren dem erntefrischen Obst am nächsten. Heimisches Obst, das sofort nach der Ernte tiefgekühlt wird, übertrifft sogenanntes „Frischobst“ in bezug auf die Qualität, wenn dieses infolge großer Distanzen zwischen Produzent und Konsument erst einige Tage nach der Ernte zum Verkauf gelangt.
- Die Qualität wird ohne den Einsatz von chemischen Konservierungsmitteln erhalten, da tiefgekühltes Obst sich in einem Kälteschlaf befindet und der biologische Abbau dadurch stark verlangsamt wird.
- Die Nährstoffe, allen voran die Vitamine (besonders das empfindliche Vitamin C), bleiben beim Tiefgefrieren im Gegensatz zu anderen Haltbarmachungsmethoden am besten erhalten.
- Obstvorräte sind jederzeit verfügbar, sind ideal für die schnelle vollwertige Küche und bringen das ganze Jahr Vielfalt auf den Tisch (z.B. Himbeeren aus dem eigenen Garten zu Weihnachten).

- Tiefgekühltes Obstmus und verschiedene Obstarten ermöglichen die Zubereitung von interessanten Mischkonfitüren und von kaltgerührten Konfitürenspezialtitäten auch im Winter.

Nachteile des Tiefgefrierens

- Nicht alle Obstarten eignen sich gleich gut zum Einfrieren. Kernobst, wie z.B. Äpfel oder Birnen, ist nur bedingt geeignet und muß speziell aufbereitet werden.
- Tiefgefrieren wird zu einer teuren Haltbarmachungsmethode, wenn das Gefriergerät für den betreffenden Haushalt zu groß ist und die Hälfte des Jahres über leersteht.
- Tiefgefrorenes Obst ist nicht steril, das bedeutet, das Wachstum von Mikroorganismen wird zwar weitgehend unterbunden, ein völliges Absterben wird jedoch nicht erreicht.
- Ist die gesamte Vorratshaltung auf Tiefgefrieren ausgerichtet, so kann es bei Stromausfall zu großen Verlusten kommen.

Empfehlungen für die Praxis

Vorbereitung

- Es lohnt sich, stets nur schöne, voll ausgereifte, festfleischige und natürlich erntefrische Früchte zu verwenden. Es gilt die Maxime: *„Nur das Beste ist gut genug"*. Erstklassige Qualität garantiert Erfolgserlebnisse beim Auftauen und Weiterverarbeiten.
- Gartenbesitzer sollten bereits bei der Neupflanzung von Obstbäumen, Beerensträuchern etc. auf gefriergeeignete Sorten achten (Hinweise finden Sie in guten Katalogen des Fachhandels).
- Um Verluste in bezug auf Qualität und wertvolle Inhaltsstoffe zu vermeiden, sind rasches Arbeiten und schonende Behandlung beim Verlesen, Waschen, Blanchieren und Verpacken notwendig.
- *Beerenobst* (speziell Himbeeren) ist am empfindlichsten und muß deshalb besonders schonend vorbereitet werden. Beeren sollten möglichst nur verlesen und – nur wenn nötig – mit einer sanften Brause gewaschen werden. Anschließend läßt man die Beeren gut abtropfen und entstielt sie, wenn erforderlich. Sensible „Früchtchen" wie Himbeeren sollten aufgrund ihrer Druckempfindlichkeit nur vorsichtig verlesen werden. Es ist empfehlenswert, die Beeren einzeln auf einem Blech vorzufrosten und anschließend in die Gefrierverpackung zu füllen. So vorbereitete Beeren eignen sich sehr gut zum Garnieren von Desserts, für Torten mit ganzen Früchten etc., da sie die Form sehr gut halten und leicht einzeln entnommen werden können.
- *Steinobst* wird gewaschen, abgetropft und anschließend entstielt. Werden die Früchte für Obstknödel weiterverwendet, empfiehlt es sich, diese zu entkernen. Der Kern wird durch ein Stück Würfelzucker oder auch Marzipan ersetzt. Die Früchte entfalten dadurch ein herrliches

Aroma, und die Form bleibt gut erhalten. Besonders weiches Steinobst sollte auf einem Blech lose aufgelegt vorgefrostet werden. Anschließend wird das Obst in geeignete Behälter oder Beutel abgefüllt und luftdicht verschlossen. Ansonsten kann es leicht zur Qualitätsminderung durch Saftaustritt und Eisbildung in der Packung kommen.

- *Kernobst* kann nur blanchiert, als Mus oder in Zuckerlösung eingefroren werden. Das Einfrieren von Kernobst, wie Äpfel, Birnen etc., empfiehlt sich nur in Ausnahmefällen (Schutz vor Verderben).

Möglichkeiten für das Einfrieren von Obst

Welche der drei nachstehenden Methoden die geeignete Einfriermöglichkeit ist, muß individuell – je nach Obstart und weiterer Verwendung – entschieden werden.

1. Einfrieren ohne Zucker

- Diese Methode ist mit wenig Arbeitsaufwand verbunden, jedoch sind ohne Zucker tiefgekühlte Früchte weniger lagerfähig als mit Zucker eingefrorene.
- Geeignet sind vor allem Beerenobst und Steinobst (Marillen, Kirschen, Zwetschken usw.).
- Das Obst wird der Art entsprechend vorbereitet und gut abgetropft in entsprechenden Behälten eingefroren.
- Ohne Zucker eingefrorenes Obst wird zum Kochen (Konfitüren, Gelees, Säfte etc.), Backen (Kuchen, Aufläufe etc.), zum Belegen (roh) von Obsttorten, für Bowlen, als Beigabe zu Speiseeis und für Diätkost verwendet.

2. Einfrieren mit Zucker

- Bei Obst, das mit Zucker eingefroren wird, bleiben die Farbe und das Fruchtaroma besser erhalten, da Zucker den Luftsauerstoff direkt von der Obstoberfläche abschließt.
- Zum Einfrieren mit Zucker eignen sich Beerenfrüchte und Steinobst.
- Als Faustregel für das Frucht-Zucker-Verhältnis gilt folgendes: Bei sauren Früchten gilt das Verhältnis 1:5, d.h. 200 g Zucker auf 1000 g Früchte; bei süßen Früchten gilt das Verhältnis 1:10, d.h. 100 g Zucker auf 1000 g Früchte.
- Die Früchte werden mit der entsprechenden Zuckermenge (Kristall- oder Staubzucker, evt. auch Trauben- oder Fruchtzucker) vorsichtig vermischt auf einem mit Folie ausgelegtem Blech vorgefrostet.
- Anschließend werden sie lose in Gefrierbeutel oder andere gefriergeeignete Behälter abgefüllt und luftdicht verschlossen.
- Mit Zucker eingefrorene Früchte eignen sich als Belag für Torten, Mixgetränke und Bowlen, Fruchtsaucen und Süßspeisen (z.B. Kompotte, Cremen). Bei der Verwendung ist der bereits zugesetzte Zuckergehalt zu berücksichtigen.

3. Einfrieren in Zuckerlösung

- Einfrieren in Zuckerlösung verhindert ein Verfärben der Früchte und eignet sich für Steinobst (Äpfel, Birnen, Quitten) und Kernobst (Pfirsiche, Marillen, Ringlotten etc.).
- Bei sauren Früchten rechnet man eine 40–45%ige Zuckerlösung, d.h. 335–410 g Zucker auf

500 ml Wasser. Bei süßen Früchten rechnet man eine 35%ige Zuckerlösung, d.h. 270 g Zucker auf 500 ml Wasser.
- Die entsprechende Wassermenge wird erhitzt und der Zucker darin aufgelöst. Die überkühlte Zuckerlösung wird über die vorbereiteten Früchte gegossen.
- Die Beigabe von 1 g Zitronensäure auf 1 Liter Zuckerlösung verhindert das rasche Braunwerden von Obst (empfehlenswert bei Äpfeln, Birnen, Marillen, Pfirsichen).
- Diabetiker verwenden anstelle von Haushaltszucker spezielle Diabetikersüße oder Fruchtzucker.
- In Zuckerlösung eingefrorenes Obst findet Verwendung für Süßspeisen (Kompotte etc.), Fruchtsalate und Bowlen.

Verpacken

- Gut abgetropftes, vollständig ausgekühltes Kompott oder Obst in Zuckerlösung in entsprechende Portionen (max. 1 Kilogramm) einteilen und sorgfältig verpacken.
- Tiefkühlgeeignetes Verpackungsmaterial muß lebensmittelecht, kältebeständig, geruchlos, fett- und säurebeständig, wasserdicht und luftundurchlässig sein. Dadurch wird gewährleistet, daß das Obst vor Austrocknen, Geruchsübertragung, Farbveränderung und Zusammenfrieren geschützt ist.
- Zum Einfrieren von ganzen und halbierten Früchten, mit oder ohne Zucker, empfehlen sich Folienbeutel und -säcke aus Polyethylen in verschiedenen Größen. Behälter aus Polystyrol oder Polyethylen, kälte- und hitzebeständige Gefäße sowie Aluminiumschalen sind für Früchte in Zuckerlösung, Fruchtpüree und -mus, Fruchtsäfte und Kompotte geeignet.
- Beim Verpacken ist die Luft gut auszustreichen (ideal Vakuumgerät) und die Verpackung sofort möglichst luftdicht zu verschließen. Durch unerwünschten Luftzutritt entstehen die sogenannten Gefrierflecken. Es handelt sich dabei um eine unappetitliche Verfärbung des Grundproduktes, und die Qualität ist vermindert.
- Für die sinnvolle Nutzung der Vorräte muß jedes Paket ordnungsgemäß beschriftet werden (wasserfester Stift!). Angaben über Inhalt, Menge, Zuckerzugabe, Einfrierdatum und Gewicht erleichtern ein rasches Auffinden.
- Eintragungen in ein Lagerbuch ersparen das „Wühlen in der Kälte“ und geben einen genauen Überblick über die vorhandenen Vorräte.
- Die Lagerzeit beträgt durchschnittlich je nach Obstart und Einfriermethode 6–12 Monate, d.h. maximal bis zur nächsten Ernte.

Beschicken des Gefriergerätes

- Zu beachten ist die Gefrierleistung des Gerätes. Diese wird angegeben in Anzahl der Kilogramm, die innerhalb von 24 Stunden auf –18° C tiefgeforen werden können. Angaben darüber müssen in der Gebrauchsanweisung des Gerätes stehen. Um gute Ergebnisse zu erzielen, sollten die angegebenen Maximalmengen nicht überschritten werden. Bei den meisten Geräten liegt die Gefrierleistung bei 5–7 Kilogramm je 100 Liter Nutzinhalt/Tag.

- Drei bis fünf Stunden vor dem Einlagern größerer Mengen die „Supertaste“ (Schnellgefriertaste) des Gerätes drücken, um die maximale Kälteleistung zu erreichen.
- Das Gefriergut an der kältesten Stelle des Gerätes deponieren. Bei Truhen: Boden, Seitenwände oder Vorgefrierfach, bei Schränken: auf Tabletts mit Kälteschlange. Das Gefrieren muß so rasch wie möglich erfolgen.
- Zur Erhaltung der Qualität muß der Bereich der maximalen Eiskristallbildung möglichst rasch durchschritten werden, nur durch hohe Temperaturen und rasche Gefrierleistung entstehen feinkörnige Eiskristalle, die im Lebensmittel gleichmäßig verteilt sind.
- Werden Lebensmittel bei zu geringen Temperaturen und zu schwacher Gefrierleistung tiefgefroren, so bilden sich größere Eiskristalle, die das Zellgewebe der Lebensmittel verletzen. Beim Auftauen fließt die Zellflüssigkeit samt den in ihr enthaltenen Nährstoffen aus. Dies hat eine negative Wirkung auf die Gewebestruktur, das Aussehen, den Geschmack und Nährwert des Lebensmittels, so daß es an Qualität verliert.

Tiefgefrorene Zelle — Erfrorene Zelle

Richtiges rasches und falsches langsames Einfrieren (IGLO)

- Pakete locker einordnen, Zwischenräume einhalten, damit die Luft zirkulieren kann. Direkte Berührung mit bereits eingefrorenen Paketen ist nach Möglichkeit zu vermeiden, da diese sich sonst erwärmen.
- Sind die Obstpakete vollständig durchgefroren, werden diese nun eingeordnet und gestapelt. Die weitere Lagertemperatur ist bei –18° bis –23° C einzustellen.

Auftauen

- *Beeren zum Rohgenuß* in einer Schüssel zugedeckt im Kühlschrank langsam auftauen.
- *Beeren zum Belegen* von Torten und Obstkuchen werden im gefrorenen Zustand darauf verteilt und evt. mit Gelee überzogen. Durch den luftdichten Geleeabschluß können die Beeren langsam auftauen, dabei wird Farbe und Form optimal beibehalten.
- Für *Konfitüren* werden die *Beeren* im gefrorenen Zustand in den Kochtopf gegeben und so

weiterverarbeitet. Wurden die Beeren bereits mit Zucker eingefroren, ist dies bei der Zuckerzugabe zu berücksichtigen.

- Für *Bowlen* etc. werden die *Beeren* im Ansatz (Wein, Obstsaft usw.) direkt aufgetaut.
- Für *Milchmixgetränke* werden die *Beeren* leicht angetaut mit den übrigen Zutaten gemixt.
- *Im Ganzen eingefrorenes Steinobst* (Marillen, Zwetschken etc.) wird im gefrorenen oder leicht angetauten Zustand z.B. für Kuchen oder Knödel weiterverarbeitet.
- *Gefrorenes Steinobst* zieht beim Backen mehr Saft als frisches. Daher ist es empfehlenswert, etwas weniger Früchte zu verwenden und Kuchen und Torten nur ins vorgeheizte Backrohr zu geben.
- *Steinobst in Zuckerlösung* (z.B. für Kompotte) wird zugedeckt bei Zimmertemperatur oder schwacher Hitze langsam im Kochtopf aufgetaut.
- *Mit Zucker eingefrorene Früchte* werden zugedeckt in einer Schüssel bei Zimmertemperatur oder im Kühlschrank aufgetaut. Sie eignen sich bestens zur Zubereitung von Müslis, Cremen und Süßspeisen.
- *Stein- und Kernobst zur Herstellung von Konfitüren* wird im gefrorenen oder leicht angetauten Zustand verarbeitet.
- *Für Kompotte* wird Steinobst im gefrorenen Zustand verarbeitet und in Zuckerlösung gekocht.
- *Marillen* rasch und möglichst im gefrorenen Zustand verarbeiten, da sie sich sehr schnell braun verfärben.
- Ein rasches und hygienisches Auftauen ist unerläßlich, da nach dem Auftauen die Mikroorganismen sehr schnell wieder aktiv werden.
- Bereits eingefrorenes Obst darf kein zweites Mal mehr tiefgefroren werden.

STERILISIEREN VON OBST – KOMPOTTHERSTELLUNG

Lebensmittel durch Hitze in Gläsern oder Dosen zu konservieren wurde erst mit dem Ende des 18. Jahrhunderts entdeckt. Einen wesentlichen Beitrag zum Fortschritt der Lebensmittelkonservierung leisteten Louis Pasteur und Robert Koch. Durch ihre Grundlagenforschung in der Bekämpfung von Infektionskrankheiten setzte auch eine kleine Revolution auf dem Gebiet der Lebensmittelkonservierung ein.
Noch vor zwei Generationen zählte das Sterilisieren zu den wichtigsten und sichersten Konservierungsmethoden. Heute allerdings hat es im Haushalt durch das ganzjährige Angebot an Frisch- und Tiefkühlobst und an industriellen Fertigprodukten seine große Bedeutung verloren.

Das Prinzip des Sterilisierens (Einkochen, Einmachen, Einwecken)

Ziel ist es, durch Erhitzen die Mikroorganismen abzutöten oder in ihrer Entwicklung zu hemmen, die lebensmitteleigenen Enzyme wirkungslos zu machen und durch einen luftdichten Verschluß den Inhalt keimfrei zu halten. Es werden Temperaturen von 75–100° C erzeugt. Allein durch die Hitze und den Luftabschluß wird die Haltbarkeit ohne Zusatz von Konservierungsmitteln erzielt. Der Zusatz von Zucker, Honig und anderen alternativen Süßungsmitteln sowie Gewürzen oder anderen Beigaben verbessert Farbe, Aroma oder Geschmack. Genaugenommen unterscheidet man beim Einkochen das Sterilisieren bei Gemüse (ab 100° C) und das Pasteurisieren bei Obst (ab 75° C).

Vorteile des Sterilisierens

- Sofortige Verwendbarkeit (kein Auftauen oder Einweichen nötig) bei Arbeitsspitzen oder unerwartetem Besuch.
- Idealer Notvorrat (stromunabhängig!).
- Längere Haltbarkeit von Spezialitäten (Chutneys, Kompotte, zuckersparende Konfitüren bzw. Diabetikerkonfitüren).
- Preisgünstige Art des Haltbarmachens, wenn die erforderlichen Arbeitsgeräte und Gläser vorhanden sind.
- Wenig Lagerraum wird durch platzsparendes Stapeln in Regalen benötigt.
- Lange Haltbarkeit der Konserven (mindestens 1 Jahr).

Nachteile des Sterilisierens

- Höherer Zeit- und Arbeitsaufwand als beim Tiefkühlen.
- Relativ hoher Vitaminverlust (Vitamin B1: 10–35%, Vitamin C: bis 40%, Beta Carotin: bis 40%).
- Eingemachtes Obst verliert mit zunehmender Lagerdauer an Geschmack und Farbe.

Empfehlungen für die Praxis

Obstauswahl

- Nur pflückfrisches Obst von einwandfreier Qualität am besten noch am Tag der Ernte verarbeiten, um den Vitaminverlust so gering wie möglich zu halten.
- Obst, das vor dem Einkochen zu lange gelagert wurde, neigt zu Gärung, oder es können sich Sporen bilden, die die Einkochtemperaturen überstehen.
- Zum Sterilisieren sollten die Früchte ausgereift, aber nicht überreif sein, da sie sonst zerfallen und unansehnlich werden.
- Faulige Früchte nicht einfach ausschneiden, sondern überhaupt nicht verwenden.
- Stark behandeltes (z.B. gespritztes) Obst beeinträchtigt die Qualität und Haltbarkeit des Einkochgutes.

Vorbereiten der Gläser

- Im Handel werden Einkochgläser in verschiedenen Formen, Größen und Verschlußsystemen angeboten.
- Die am häufigsten verwendeten Verschlußsysteme sind: Gläser mit fixiertem Bügelverschluß, Gläser mit Glasdeckel, Gummiring und Klammern (sogenannte Rex- bzw. Weckgläser) und Gläser mit luftdicht schließendem Drehdeckel aus Metall mit plastivizierter Innenwand (Twist-off-Verschluß).
- Angeschlagene Gläser, brüchige Gummiringe sowie undichte Drehdeckel unbedingt aussortieren.
- Gläser in heißem Spülmittelwasser gründlich reinigen und mehrmals mit viel klarem, heißem Wasser nachspülen.
- Gereinigte Gläser umgedreht auf ein sauberes Tuch stellen oder im Backrohr trocknen lassen, nicht abtrocknen (Geschirrtücher sind nie keimfrei!).
- Gummiringe am besten kurz auskochen und bis zum Gebrauch im heißen Wasser liegen lassen.

Vorbereiten des Obstes

- Das Obst in viel Wasser sorgfältig waschen (mit Ausnahme von empfindlichen Beeren, z.B. Himbeeren oder Erdbeeren). Erst anschließend gut abtropfen lassen, entstielen bzw. abrebeln, um einen Fruchtsaftverlust zu vermeiden.
- Steinobst, wie Pfirsiche, Zwetschken, Marillen, halbieren und entkernen. Wird Steinobst (Pflaumen, Ringlotten etc.) mit dem Kern eingelegt, so muß die Frucht vorher einige Male mit einer Nadel angestochen werden, damit ein Aufplatzen der Früchte verhindert wird und die Flüssigkeit besser eindringen kann.
- Dickschalige Früchte, z.B. Marillen, Pfirsiche, werden kurz blanchiert, damit sich die Haut leichter ablösen läßt.

- Kernobst, wie z.B. Äpfel, Birnen, Quitten, wird meist geschält, halbiert oder geviertelt und vom Kerngehäuse befreit.
- Grundsätzlich werden die Früchte beim Einkochen in harte, saftarme und in saftreiche Sorten unterschieden bzw. eingeteilt.
- Saftreiche Obstarten, z.B. alle Beeren, werden mit entsprechender Menge Zucker oder Gelierzucker schichtweise in die Gläser gefüllt.
- Harte Früchte werden mit einer Zuckerlösung übergossen. Faustregel: Für 3,5–4 kg Früchte rechnet man 1 Liter fertige Zuckerlösung.
- Harte Früchte, wie z.B. Quitten, spezielle Apfel- oder Birnensorten, werden ca. 10 Minuten in der Zuckerlösung sanft vorgekocht und anschließend in die vorbereiteten Gläser gefüllt.
- Als Faustregel für die Zuckermenge gilt folgendes: Bei süßen Früchten rechnet man auf einen Liter Wasser 100–300 g Zucker, bei säuerlichen Früchten 300–600 g Zucker.
- Der Zucker wird mit Wasser aufgekocht und nach dem Abschäumen je nach Bedarf weiterverwendet.
- Die Zuckermenge kann je nach persönlichem Geschmack erhöht bzw. reduziert werden. Aus Gründen der Haltbarkeit ist es nicht erforderlich, beim Sterilisieren eine Zuckerlösung zuzusetzen, jedoch verbessert sich dadurch der Geschmack des eingekochten Obstes.
- Auch Kandiszucker (z.B. für Pfirsiche, Marillen, Rhabarber) kann verwendet werden. Das Aroma entfaltet sich zwar etwas später, dafür bekommt das mit Kandiszuckerlösung eingekochte Kompott eine besondere Note.
- Faustregel für Kandiszuckerlösung: Auf 1 Liter Wasser rechnet man je nach Fruchtart 200–600 g weißen oder auch braunen Kandiszucker.
- Faustregel für Moniglösung: Auf 1 Liter Wasser rechnet man je nach Fruchtart 100–300 g Honig.
- Zum Einkochen von Beerenfrüchten, Kirschen und Rhabarber ist Gelierzucker sehr gut geeignet. Die Früchte fallen weniger zusammen, der Saft ist leicht gebunden, Farbe und Aroma bleiben besser erhalten.
- Spezielle Gewürz- und Aromabeigaben, z.B. Zimtstangen, Vanilleschoten, Nelken, Sternanis, Koriander, Ingwer, werden je nach Rezept zur Zuckerlösung gegeben.
- Geschmacksverfeinernde Zutaten, wie z.B. Obstbrände und -liköre, Orangen- oder Zitronensaft und Schalen von Zitrusfrüchten, können individuell und je nach Rezept verwendet werden.
- Bei Obst, das leicht die Farbe verändert, z.B. Äpfel, Birnen, Marillen, ist ein rasches Arbeiten notwendig und die sofortige Zugabe von Zitronensaft bzw. -säure empfehlenswert.

Einfüllen

- Das vorbereitete Obst am besten mit einem Einfülltrichter bzw. -ring nicht ganz bis zum Rand in die Gläser füllen.
- Als Faustregel gilt: Gläser mit ganzen oder geteilten Früchten bis 2 cm unter den Rand und Gläser mit breiigem Obst, z.B. Apfelmus, bis 4 cm unter den Rand füllen. Der hochsteigende

Inhalt würde den Gummiring verschmutzen und somit ein festes, luftdichtes Verschließen der Gläser verhindern.

- Das vorbereitete Obst möglichst dicht in die Gläser einfüllen bzw. einschichten. Das gefüllte Glas auf einer weichen Unterlage mehrmals aufstoßen, damit die Früchte gleichmäßig zusammenrutschen, denn beim Erhitzen verlieren sie an Volumen.
- Die gefüllten Gläser mit vorbereiteter, überkühlter Zuckerlösung auffüllen. Das Einmachgut muß vollständig mit Flüssigkeit bedeckt sein.
- Bei Beerenobst werden Zwischenschichten mit entsprechender Zucker- bzw. Gelierzuckermenge gemacht. Kurze Zeit etwas Saft ziehen lassen und anschließend mit abgekochtem, überkühltem Wasser aufgießen.

Sterilisieren

- Einkochvariante (im Einkoch- bzw. Wecktopf, im Backrohr, im Schnellkochtopf) nach anfallender Vorratsmenge und vorhandenen Arbeitsgeräten auswählen.
- Die angegebene Einkochzeit und -temperatur muß genau eingehalten werden, da Obst ein sehr empfindliches Lebensmittel ist.
- Die untere Grenze beim Einkochen von Obst sind 75° C, diese darf nicht unterschritten werden, da die Haltbarkeit sonst nicht gewährleistet ist.
- Nach der angegebenen Sterilisationsdauer den Einwecktopf vorsichtig von der Platte ziehen. Ein schnelles Abkühlen ist wichtig, damit ein Nachgaren und somit ein Weichwerden des Obstes verhindert wird.

Nacharbeiten

- Die Gläser nach der angegebenen Einkochzeit herausnehmen, auf ein feuchtes Tuch stellen und mit einer Decke oder einem Tuch abdecken.
- Nach dem Sterilisieren und dem völligen Auskühlen nimmt man Bügel oder Klammern ab. Sofort kontrollieren, ob die Glasdeckel gut schließen. Bei nicht festsitzenden Deckeln das Kompott so rasch wie möglich verzehren, da eine längere Haltbarkeit nicht mehr gegeben ist.
- Anschließend werden die Obstgläser beschriftet (Inhalt, Datum, Menge) und sachgemäß gelagert.

Lagerung

- Ideal zum Aufbewahren ist ein dunkler, trockener und kühler Raum, wie z.B. Speisekammer oder ein trockener Kellerraum.
- Neben speziellen Vorratsschränken und -regalen eignen sich auch ausgediente Küchenschränke.
- Ideale Lagertemperaturen liegen bei 8–18° C.
- Eingemachte Obstkonserven regelmäßig kontrollieren! Lose Deckel, Verfärbungen oder Trü-

bungen weisen meist auf unzureichendes Sterilisieren, nicht einwandfreies Obst, unsauberes Arbeiten oder unsachgemäße Lagerung hin.
- Verdorbene Produkte dürfen auf keinen Fall mehr verzehrt werden.

Möglichkeiten des Sterilisierens

Im Einkochtopf

Gläser in den Einkochtopf stellen, ohne daß sie sich dabei gegenseitig berühren. Soviel Wasser einfüllen, daß sie höchstens bis zu 3/4 im Wasser stehen. Zu beachten ist, daß bei Gläsern mit kaltem Inhalt der Einkochtopf mit kaltem und bei Gläsern mit heißem Inhalt der Einkochtopf mit heißem Wasser aufgefüllt wird (Temperaturunterschied). Je nach Einkochgut beträgt die Temperatur 75–100° C und die Einkochzeit zwischen 10 und 30 Minuten. Die angegebenen Zeiten sind genau einzuhalten. Die Sterilisationsdauer beginnt erst dann, wenn die angegebenen Grade erreicht sind. Zu beachten ist auch, daß das Wasser im Einkochtopf nicht zu stark sprudelt, da sich Wasser zwischen Gummiring und Deckel setzen kann und somit einen luftdichten Abschluß unmöglich macht. Spezialgläser können auch übereinander gestapelt werden. Nach dem Ende der angegebenen Sterilisationsdauer werden die Gläser sofort herausgenommen, am besten mit einer Spezialzange (im Fachhandel erhältlich). Anschließend werden sie auf eine weiche Unterlage (Tuch, Decke) gestellt und abgedeckt, damit sie ohne Zugluft auskühlen können (Sprunggefahr!). Bügel und Klammern erst entfernen, wenn das Glas völlig erkaltet ist. **Hinweis:** Gebrauchsanweisung und Einkochzeiten des Gerätes beachten.

Einkochen im Einkochtopf		
Obstart	**Einkochzeit**	**Einkochtemperatur**
Kernobst: Äpfel, Birnen, Quitten	25–30 Minuten	90° C
Steinobst: Marillen, Pfirsiche, Pflaumen, Zwetschken, Ringlotten, Kirschen, Weichseln	20–30 Minuten	85° C
Beerenobst: Heidelbeeren, Preiselbeeren, Stachelbeeren, Ribiseln, Brombeeren etc.	15–20 Minuten	80° C
Wildfrüchte: Hagebutten, Schlehen, Vogelbeeren etc.	25–30 Minuten	80° C
Obstmus und Röster	20–30 Minuten	80° C
Obstsäfte	20–30 Minuten	75° C
Chutneys	10–15 Minuten	80° C
Konfitüren (mit wenig oder ohne Zucker)	10–15 Minuten	75° C

Sterilisieren im Backrohr; Weichselkompott

Weichselkompott –
eine fruchtige Beilage zu süßen Gerichten

Pflaumen-Honig-Kompott; auch Ringlotten, Mirabellen und Zwetschken eignen sich gut für diese Rezeptur

Im Backrohr

Gleiche Gläser (Inhalt, Form, Volumen) stellt man auf eine Fettpfanne (Backblech mit hohem Rand), ohne daß sie sich dabei gegenseitig berühren. Die Fettpfanne wird zur Hälfte mit Wasser aufgefüllt und ins kalte Rohr gestellt. Die Temperatur auf 160–180° C Ober- und Unterhitze bzw. 150–170° C Heißluft einstellen. Im Heißluftherd können zwei Etagen (Bleche) gleichzeitig sterilisiert werden. Beim Heißluftherd ist darauf zu achten, daß der Ventilator nicht mit einem Glas verstellt wird. Die eigentliche Einkochzeit beginnt erst dann, wenn im Glas Perlen aufsteigen. Anschließend schaltet man das Rohr aus und beläßt die Gläser die vorgeschriebene Sterilisationszeit im Rohr. Nun die Gläser aus dem Rohr herausnehmen, auf eine weiche Unterlage stellen, abdecken und langsam auskühlen lassen. **Hinweis:** Gebrauchsanweisung und Einkochzeiten der Herstellerfirma beachten.

Allgemeine Richtwerte für Sterilisationszeiten im Backrohr	
Kernobst	30 Minuten
Steinobst	25 Minuten
Kirschen, Weichseln	20 Minuten
Beerenobst	15 Minuten
Rhabarber	25 Minuten

Im Schnellkochtopf

Diese Methode eignet sich nur für kleine Mengen, da die Temperatur nicht genau einstellbar ist. Weiters ist die Auskühlzeit für die meisten Obstarten zu lange, und es kommt zu hohen Qualitätseinbußen. Genaue Anweisungen bezüglich Sterilisationszeit und -temperatur sind der Gebrauchsanweisung der Herstellerfirma zu entnehmen.

Im Mikrowellengerät

Diese Methode eignet sich gut für kleine Mengen und Obstspezialitäten in breiten Gläsern. Der Arbeits- und Energieaufwand ist in solchen Fällen niedrig. Es ist aber die Anschaffung von speziellen, mikrowellengeeigneten Kunststoffklammern erforderlich. Genaue Anweisungen sind auch hier der Gebrauchsanweisung der Herstellerfirma zu entnehmen.

HEISSEINFÜLLEN VON FRÜCHTEN – EINE ALTERNATIVE ZUM STERILISIEREN

Das Heißeinfüllen ist eine relativ neue Konservierungsmethode, die das Sterilisieren zum Teil abgelöst hat. Diese einfache und sichere Methode eignet sich auch ausgezeichnet für süß-sauer Eingelegtes, Chutneys etc. und vor allem für die Kompottbereitung. Es gelten dieselben Regeln wie beim Sterilisieren von Obst. Jedoch wird das eigentliche Sterilisieren (im Einkochtopf, im Backrohr etc.) durch das Heißeinfüllen ersetzt. Durch das Heißeinfüllen und sofortige Verschließen bildet sich ein Vakuum, und der Inhalt ist luftdicht abgeschlossen.

Vorteile des Heißeinfüllens

- Die Früchte werden nur kurz erhitzt. Geschmack, Farbe, Aroma und hitzeempfindliche Vitamine bleiben besser erhalten.
- Der Aufwand an Arbeitszeit und Energie hält sich in Grenzen.
- Heißeingefülltes Obst ist ca. 1 Jahr haltbar und im Gegensatz zu tiefgefrorenem oder getrocknetem Obst sofort servierbereit.

Nachteile des Heißeinfüllens

- Für Obstvorräte mit geringer Zuckermenge (z.B. Röster, Mus, Konfitüren ohne oder mit wenig Zucker) bzw. für Produkte mit einem geringen Gehalt an anderen konservierenden Beigaben (z.B. Essig, Alkohol) ist eine längere Haltbarkeit nicht gewährleistet.

Heißeinfüllen von Kompotten – so wird's gemacht!

- Die verschiedenen Obstarten in gewohnter Weise vorbereiten (siehe Kapitel Sterilisieren).
- Die sorgfältig gereinigten Gläser bleiben bis zum Einfüllen im heißen Wasser liegen oder werden im Rohr vorgewärmt.
- Entsprechend dem Rezept wird aus Wasser mit oder ohne Zucker oder anderen Süßungsmitteln und evt. Aromaten ein Sud hergestellt. Nach dem Aufkochen den Sud abschäumen.
- Die Früchte portionsweise in den kochenden Sud einlegen.
- Bis zum gewünschten Weichheitsgrad im Sud belassen (aufpassen, daß die Früchte nicht zerkochen).
- Mit dem Schöpflöffel die Früchte vorsichtig herausheben und in die vorgewärmten Gläser füllen.
- Mit dem nochmals aufgekochten Sud werden die Gläser randvoll gefüllt und sofort verschlossen. Beim Abkühlen bildet sich ein Vakuum, das für den luftdichten Abschluß sorgt.
- Eine zusätzliche *Möglichkeit* ist das *Verschließen des Deckels mit Alkohol.* Hierbei muß beim Einfüllen ein Rand von mindestens 1 cm freigelassen werden. Auf die Innenseite des Glasdeckels wird ca. 1 EL hochprozentiger Alkohol (Rum mind. 54% oder Schnaps) geleert. Den

Alkohol mit einem langen Streichholz anzünden und rasch den Deckel auf das Glas drücken. Nach wenigen Sekunden des Andrückens ist das Glas verschlossen.

- Klammern oder Bügel erst nach dem vollständigen Auskühlen der Gläser (am nächsten Tag) entfernen und prüfen, ob die Deckel fest schließen.
- Heißeingefüllte Früchte kühl, trocken und lichtgeschützt aufbewahren. Die Haltbarkeit beträgt ca. 1 Jahr.

REZEPTE

Rotweinbirnen im Gewürzsud

3000 g feste Birnen
1000 ml Wasser
750 ml Rotwein
ca. 400 g Kandiszucker oder Gelierzucker
1 Zimtstange
6 Gewürznelken
1 kleines Stück getrockneter Ingwer
evt. 2 Kardamomkapseln
2 Orangenscheiben (unbehandelt)

Für den Sud Wasser, Rotwein, Kandiszucker und Gewürze zum Kochen bringen und solange köcheln lassen, bis sich der Zucker vollständig gelöst hat. Inzwischen die Birnen dünn abschälen, halbieren, das Kerngehäuse und den Fruchtansatz entfernen. Besonders dekorativ wirken die Birnen auch im Ganzen mit Stiel. Nun die Birnenhälften bzw. die ganzen Birnen im Gewürzsud ca. 10 Minuten sanft köcheln lassen. Vorsichtig aus dem Sud heben und in die vorbereiteten Gläser schichten. Den Sud nochmals einkochen lassen (reduzieren) und kochendheiß über die Birnen gießen. Die Früchte müssen gut mit Sud bedeckt sein. Die Gläser sofort verschließen. Bis zum Genuß ca. 1 Monat durchziehen lassen.

Tip: Nach derselben Rezeptur können Sie auch Rotweinäpfel oder -quitten herstellen. Wer die Früchte lieber naturfarben hat, kann Rotwein durch fruchtigen Weißwein ersetzen. Rotweinbirnen sind eine sehr dekorative und geschmackvolle Beilage zu Wildgerichten.

Feines Quittenkompott

3000 g Quitten
1500 ml Wasser (evt. auch ein Teil Weißwein)
700 g Gelierzucker
Saft und Schale einer unbehandelten Zitrone
1 Vanilleschote
2 Zimtstangen
6 Gewürznelken

Quitten mit einem Tuch abreiben, damit der Flaum entfernt wird. Anschließend schälen, vierteln und vom Kerngehäuse befreien. Kerngehäuse und Schalen für den Sud aufheben. Wasser mit Zucker, Kerngehäuse und Schalen ca. 20 Minuten kochen lassen. Die ausgekochten Abschnitte mit einem Lochschöpfer entfernen. Dem Sud die restlichen Gewürze beifügen und die Quittenstücke 10 bis 15 Minuten im Sud köcheln lassen. Die Früchte herausheben und in Gläser füllen. Den Sud nochmals aufkochen lassen und kochendheiß über die Quittenstücke gießen, bis sie völlig bedeckt sind. Die Gewürze auf die Gläser verteilen und diese sofort verschließen. Für längere Haltbarkeit das Kompott bei ca. 90° C noch 20 Minuten sterilisieren.

Tip: Quittenkompott schmeckt sehr gut zu Grieß- oder Topfenschmarren oder als feine Beilage zu Pasteten.

Weichselkompott

3000 g Weichseln
750 g Gelierzucker

Die Weichseln waschen, abtropfen lassen und entsteinen. Abwechselnd mit dem Gelierzucker dicht in Gläser schichten, verschließen und bei 80° C ca. 30 Minuten sterilisieren.

Tip: Nach demselben „Strickmuster" können Sie auch Kirschenkompott herstellen. Wenn die Weichseln mit Kern eingelegt werden, verwendet man eine Zuckerlösung. Dafür rechnet man auf 1 Liter Wasser 700 g Zucker oder Gelierzucker für Weichseln, für Kirschen ca. 300 g Zucker oder Gelierzucker.

Preiselbeerkompott

1000 g Preiselbeeren
500 g Gelierzucker oder Zucker
500 ml Wasser (evt. 1 Teil Wasser:1 Teil Rotwein)
Saft einer Orange oder Zitrone

Birnen lassen sich rasch und einfach mit dem Sparschäler schälen

Vorbereitete Birnenhälften im Gewürzsud „bißfest" kochen

Rotweinbirnen sind eine sehr dekorative und geschmackvolle Beilage zu Wildgerichten

Preiselbeeren verlesen, waschen und abtropfen lassen und in die vorbereiteten Gläser füllen. Wasser mit Zucker und Orangen- bzw. Zitronensaft zum Kochen bringen und so lange kochen, bis sich der Zucker vollständig gelöst hat. Die heiße Zuckerlösung über die Preiselbeeren gießen, so daß diese vollständig bedeckt sind. Gläser verschließen und bei 85° C ca. 20 Minuten sterilisieren.

Tip: Als Süßungsmittel harmoniert zu Preiselbeeren auch ausgezeichnet Vollzucker oder Honig. Nach derselben Rezeptur können Sie Kompotte von Ribiseln oder Wildfrüchten (Schlehen, Sanddorn, Vogelbeeren etc.) herstellen.

Pflaumen-Honig-Kompott

3000 g Pflaumen
1000 ml Wasser
300–400 g Honig
2 Zimtstangen
6 Gewürznelken
4–6 Stück Sternanis
Saft und Schale einer unbehandelten Orange
evt. 40 ml Rum

Wasser mit Honig, Orangensaft und in feine Streifen geschnittener Orangenschale aufkochen und so lange rühren, bis sich der Honig vollständig gelöst hat. Pflaumen mit einer Nadel mehrmals einstechen und im Ganzen in die vorbereiteten Gläser schichten. Gläser dabei mehrmals auf einer weichen Unterlage aufstoßen, damit die Zwischenräume gut ausgefüllt sind. Die Gewürze auf die Gläser dekorativ verteilen. Nun die gefüllten Gläser mit der überkühlten Honiglösung übergießen. Abschließend den Rum auf die Gläser aufteilen und diese verschließen. Bei 85° C ca. 20 Minuten sterilisieren.

Tip: Auch Zwetschken, Ringlotten oder Mirabellen (Kriecherln) eignen sich sehr gut für dieses Rezept.

„Geistiges“ Pfirsichkompott

3000 g feste, reife Pfirsiche
1000 ml Wasser
400 g Gelierzucker
Saft und Schale einer unbehandelten Zitrone
1 Vanilleschote
60 ml Pfirsichbrand oder -likör

Pfirsiche waschen, kurz in kochendes Wasser tauchen und kalt abschrecken. Die Haut abziehen und die Früchte halbieren oder vierteln. Die so vorbereiteten Pfirsichstücke in die vorbereiteten Gläser schichten. Letztere auf einer weichen Unterlage leicht aufstoßen, damit die Früchte dichter eingeschichtet sind. Wasser mit Gelierzucker, Zitronensaft und -schale sowie aufgeschnittener Vanilleschote aufkochen und ca. 10 Minuten kochen lassen. Den Sud über die Pfirsiche gießen, die Vanilleschote und den Pfirsichbrand auf die gefüllten Gläser verteilen und diese sofort verschließen.

Tip: Dieses Rezept eignet sich auch sehr gut für Marillen oder Nektarinen. Wasser kann zum Teil auch durch fruchtigen Weißwein ersetzt werden.

TROCKNEN – DÖRREN – DARREN

Trocknen, auch Dörren und Darren genannt, ist ein uraltes Verfahren, Lebensmittel haltbar zu machen. Schon in vorgeschichtlicher Zeit wurde das Trocknen zum Haltbarmachen von Beeren, Früchten, Kräutern, Fleisch, Fisch und Getreide angewandt.
In südlichen Ländern hatte Trocknen durch das günstige Klima seit jeher Tradition. In diesen Ländern wird eine Vielfalt an Trockenfrüchten, wie z.B. Marillen, Trauben, Pflaumen, Feigen, Datteln etc., als kulinarische Spezialität angeboten. In unseren Breiten wurden vor allem Äpfel, Birnen und Zwetschken getrocknet bzw. gedörrt. In den Bauernhöfen gab es vielfach die sogenannten Backhäuser, in denen spezielle Dörrvorrichtungen installiert waren. Auch der steinerne Backofen wurde dazu benutzt, um wertvolle Trockenvorräte für die Wintermonate zur Verfügung zu haben.
Lange Zeit wurde diese einfache und günstige Art des Haltbarmachens „stiefmütterlich" behandelt. Auf der Suche nach natürlichen, alternativen Konservierungsmethoden sind Trocknen und Dörren aktueller denn je. Denn was wäre das Original-Kletzenbrot ohne selbstgedörrte Kletzen, die Schuljause ohne Mutters Apfelringe, die Weihnachtsbackstube ohne Dörrzwetschken und Rosinen?

Das Prinzip des Trocknens

Beim Trocknen entziehen Wärme und Luftzirkulation den Lebensmitteln Flüssigkeit, d.h. der Wassergehalt wird auf ca. 8–14% gesenkt, wodurch die Mikroorganismen für ihre Lebenstätigkeit kein verfügbares Wasser mehr haben. Die Lebensmittel werden haltbar und verschimmeln auch nicht. Die Trocknung erfolgt durch Luft oder durch elektrische Wärme (Dörrgeräte, Backrohr) und neuestens durch Solargeräte zum Dörren.

Vorteile des Trocknens

- Trocknen ist eine sehr einfache Konservierungsmethode, für die man im allgemeinen keine besonderen Geräte benötigt.
- Alle Mineralstoffe bleiben im Obst auch nach dem Wasserentzug erhalten.
- Trockenobst ist eine „Kraftnahrung", die im Vergleich zu Frischobst einen 4–5fach höheren Energiegehalt aufweist. Durch das Trocknen konzentriert sich das Aroma und entfaltet beim Genuß einen intensiven Geschmack.
- Trockenobst hat aufgrund des konzentrierten Ballaststoffanteils eine sehr gute verdauungsfördernde Wirkung. Bei Trockenpflaumen wirkt der hohe natürliche Gehalt an Sorbit zusätzlich verdauungsanregend.
- Durch die ausgeprägte Süßkraft eignet sich Trockenobst hervorragend als natürliches Süßungsmittel.
- Trocknen ist einfach, mühelos und verlangt keine weiteren Energiekosten wie z.B. die Tiefkühltruhe.

- Getrocknetes benötigt sehr wenig Lagerraum, da Volumen und Gewicht auf 10–30% des Ausgangsproduktes schrumpfen.
- Trockenobst ist ideal zum Mitnehmen für Sport, Schule und Kindergarten, Wanderungen und Bergtouren oder als Jause bzw. gesunde Nascherei für zwischendurch.
- Richtig getrocknet und gelagert, ist Trockenobst jahrelang haltbar.

Nachteile des Trocknens

- Vitamin C und die Vitamine der B-Gruppe gehen größtenteils verloren. Besonders beim Trocknen in der Sonne wird wertvolles Vitamin C zerstört.
- Beim Trocknen im Backrohr entsteht ein hoher Energieaufwand.
- Durch die langen Trocknungszeiten und die dadurch notwendige ständige Kontrolle des Trockengutes muß der Tagesablauf gut organisiert werden.
- Trockenobst verliert beim Dörren die natürliche Färbung.

Empfehlungen für die Praxis

Vorbereiten

- Nur einwandfreies Obst verwenden. D.h. das Obst muß voll ausgereift und erntefrisch sein und darf keine Druck- oder Faulstellen aufweisen. Wichtig für die gute Qualität des Trockenobstes ist ein festes Fruchtfleisch, da bei überreifen Früchten ein zu großer Saftverlust eintritt.
- Obst der Art und der weiteren Verwendung entsprechend vorbereiten (waschen, schälen, Kerngehäuse entfernen, entstielen, schneiden etc.). Genaue Anleitungen für die einzelnen Obstarten finden Sie im Rezeptteil.
- Obst, das besonders zu enzymbedingten Farbveränderungen neigt, wie z.B. Marillen, Pfirsiche, Äpfel und Birnen, sollte mit Zitronensaft oder -säure vorbehandelt werden.
- Das vorbereitete Obst, das leicht zu Verfärbungen neigt, wird vor dem Trocknen kurz in kaltes Zitronenwasser eingelegt. Auf 1 Liter Wasser rechnet man ca. 1–2 TL Zitronensäure oder den Saft von 2 Zitronen. Anschließend das Obst mit einem Lochschöpfer herausheben und gut abtropfen lassen (evt. mit einer Küchenrolle abtupfen).

Trocknen

- Möglichst nur gleichartiges und gleichgroß zerteiltes Trockengut zusammen trocknen.
- Trockengut nebeneinander auflegen und nicht übereinander schichten, damit die Luft gleichmäßig zirkulieren kann.
- Die Trocknungsdauer ist von der Größe, Dicke, dem Wassergehalt der Früchte sowie der Trocknungstemperatur und der Luftfeuchtigkeit abhängig.

Einlegen in Zitronenwasser verhindert das Braunwerden

- Entscheidend für die Qualität und Erhaltung der Inhaltsstoffe ist eine gleichmäßig niedrige Temperaturzufuhr (max. 65° C). Durch zu hohe Temperaturen verhärten sich die äußeren Schichten.
- Zu achten ist auf einen kontinuierlichen Trocknungsvorgang. Das Trocknen in der Sonne oder auf dem Dachboden sollte nicht länger als 4–5 Tage dauern. Evt. wird im Backrohr oder Dörrapparat nachgetrocknet. Das Trocknen und Dörren im Backrohr bzw. Dörrapparat dauert zwischen 4–12 Stunden.
- Während des Trocknungsvorganges das Trockengut regelmäßig kontrollieren und die Siebe umschichten und aufschütteln.
- Der Trocknungsvorgang ist abgeschlossen, wenn sich die Trockenfrüchte, wie Apfelringe, Dörrzwetschken, Marillenhälften oder Birnenspalten, ledrig anfühlen und biegen lassen, ohne zu brechen. Beim Zerschneiden dürfen sich an den Kanten keine Wassertröpfchen bilden.

Aufbewahren

- Trockenobst muß vor dem Aufbewahren völlig ausgekühlt sein.
- Gedörrtes möglichst luftdicht und trocken lagern sowie vor Licht schützen.

- Zur Lagerung eignen sich am besten verschließbare Gläser und Dosen. Leinensäcke eignen sich nur bedingt zur Aufbewahrung, sie sind problematisch wegen der Dörrobstmotte.
- In den ersten Wochen das gedörrte Obst regelmäßig kontrollieren. Sollten sich Wassertropfen an den Glaswänden bilden, so muß der Inhalt nochmals getrocknet werden.
- Angeschimmeltes Dörrobst darf nicht mehr verzehrt werden.

Verwendung

- Als Nascherei bzw. Snack für zwischendurch bei Arbeit, Sport und Spiel.
- Für Müsli, Obstsalate, spezielle Konfitüren, als Füllung und zum Verzieren für Mehlspeisen, Desserts und Bäckereien, für Spezialbrote.
- Sehr beliebtes Süßungsmittel in der Naturküche.
- Dörrobst eignet sich hervorragend für außergewöhnliche Gerichte mit Fleisch, Wild und Geflügel.
- Vorspeisen, Salate, Reis- und Getreidespeisen erhalten durch die Verwendung verschiedener Trockenfrüchte eine besonders interessante Note.
- Vor der Weiterverwendung sollte Trockenobst in Flüssigkeit eingeweicht werden. Z.B. für Bäckereien und Mehlspeisen in Rum oder frisch gepreßten Fruchtsäften, für Obstsalate in Zitronen- oder Orangensaft, Likören bzw. Bränden. Je nach Rezeptur wird Dörrobst auch gerne in Wein, verschiedene Fonds, Südweine (Dessertweine) etc. eingelegt.
- Getrocknete Beeren (Hagebutten, Heidelbeeren, Holunderbeeren, Vogelbeeren usw.) und Apfelschalen eigen sich sehr gut für verschiedene Früchteteemischungen.

Möglichkeiten des Trocknens

Trocknen an der Luft

Die Lufttrocknung ist in unseren Breiten nur bei sehr guten klimatischen Verhältnissen für Beeren und Wildfrüchte empfehlenswert. An besonders warmen Tagen können auch Zwetschken, Äpfel oder Birnen vor- bzw. angetrocknet werden.
Ideal ist ein warmer, trockener, gut belüfteter und vor direkter Sonnenbestrahlung geschützter Ort. Ein gut durchlüfteter Dachboden, ein warmer luftiger Ort in Hausnähe (Balkon, Estrich) oder auch in Ofen- oder Herdnähe sind besonders geeignet. Das Trockengut wird auf Gitter, Siebe, Roste oder Backbleche aufgelegt. Zum Schutz vor Staub und Insekten evt. mit einem Mulltuch abdecken. Der gesamte Trocknungsvorgang an der Luft muß nach spätestens 5 Tagen abgeschlossen sein. Bei zu langer Trocknungsdauer kommt es zu großen Qualitätseinbußen. Bei ungünstigen Witterungsverhältnissen die Früchte im Backrohr oder Dörrapparat nachtrocknen.

Trocknen im Backrohr

Auch im Backrohr kann Obst gut getrocknet werden. Es wird bei Ober- und Unterhitze, am besten aber mit Heißluft bei 50° C getrocknet. Beeren werden nicht zu dicht auf ein Blech gelegt und größere Obststücke auf den Rost. Apfelringe können auf Holz- oder rostfreie Stäbe aufgezogen und ins Backrohr gehängt werden. Die Ofentür sollte immer einen Spalt offen sein (Kochlöffel einklemmen), damit die feuchte Luft entweichen kann. Das Dörrgut muß mehrmals kontrolliert und umgeschichtet werden, bereits Getrocknetes aussortieren. Das Trocknen im Backrohr dauert je nach Trockengut 4–15 Stunden. Gebrauchsanweisungen der Herstellerfirma sind zu beachten.

Trocknen im elektrischen Dörrapparat

Das vorbereitete Dörrobst locker auf die Siebe schichten. Nur 90% der Siebfläche belegen, damit die warme Luft gut zirkulieren kann. Insgesamt können 7–10 Siebe mit verschiedenen Obstarten gleichzeitig aufgelegt werden. Der Geschmack überträgt sich nicht. Ab dem 4. Sieb nimmt die Temperatur um 10–30° C ab, daher ist es günstig, die Siebe öfters zu versetzen und dabei leicht zu schütteln. Die Dörrzeiten und -temperaturen richten sich nach Größe und Stärke des Obstes, dem Wassergehalt und der Anzahl der verwendeten Siebe. Die Gebrauchsanweisung der Herstellerfirma ist auch hier zu beachten.

REZEPTE UND ARBEITSANLEITUNGEN

Äpfel

Zum Dörren eignen sich weißfleischige, aromareiche und säuerliche Äpfel, wie z.B. Boskoop, Glockenapfel etc. Die geschälten oder ungeschälten (unbehandelt!) Äpfel mit einem Apfelausstecher vom Kerngehäuse befreien und in ca. 1 Zentimeter dicke Scheiben oder Spalten schneiden. Um das Braunwerden zu vermeiden, werden sie sofort kurz in Zitronenwasser gelegt. Anschließend herausheben, gut abtropfen lassen und auf Siebe oder Roste locker nebeneinander auflegen. Apfelringe können auch auf Holz- oder rostfreien Stäben aufgefädelt werden. Äpfel nur solange trocknen, bis sie noch biegsam sind und sich ledrig anfühlen.

Apfelschalen

Nur Schalen von unbehandeltem Obst sind für getrocknete Apfelschalen geeignet. Apfelschalen haben eine kurze Trocknungsdauer, und es sind alle Trocknungsmöglichkeiten geeignet. Die anfallenden Schalen bei Apfelmehlspeisen können mit der Restwärme des Ofens energiesparend getrocknet werden. Aus den getrockneten Schalen gewinnt man einen fruchtig aromatischen Tee.

Birnen, Kletzen

Achten Sie darauf, daß nur voll ausgereifte, aromatische Eßbirnen zum Trocknen verwendet werden. Nur so erhalten Sie den besonders intensiven und süßen Geschmack der Trockenbirnen. Empfehlenswerte Sorten sind z.B. Gute Luise, Williams Christ, Salzburger, Honigbirnen etc. Birnen vom Kerngehäuse befreien, halbieren, vierteln oder in Spalten schneiden und sofort kurz in Zitronenwasser legen. Abtropfen lassen und mit der Schnittfläche nach oben auf Rosten oder Sieben gleichmäßig, locker nebeneinander auflegen. Fertige Birnen sind biegsam und fühlen sich ledrig an.
Die original Kletzen werden aus Mostbirnen (z.B. Speckbirne, Landlbirne, Winawitzbirne etc.) hergestellt. Diese Birnen werden einige Tage an einem warmen Ort vorgetrocknet, bis sie braun sind. Anschließend werden sie langsam und gleichmäßig auf Hürden getrocknet. Dabei darf kein Saft austreten. Kletzen sind eine unverzichtbare Zutat für das weihnachtliche Kletzenbrot.

Erdbeeren

Das Trocknen von Erdbeeren empfiehlt sich nur bei reichem Erntesegen, da die Ausbeute nach dem Trocknen sehr gering ist. Saubere, entstielte Erdbeeren werden je nach Größe im Ganzen gelassen, halbiert oder geviertelt. Durch den hohen Wassergehalt der Frucht ist eine relativ lange Trocknungszeit gegeben. Getrocknete Erdbeeren schmecken ganz köstlich und besitzen ein besonders ausgeprägtes Erdbeeraroma. Diese außergewöhnliche Spezialität eignet sich für Fruchtteemischungen, Müslis oder als Nascherei.

Hagebutten

Hagebutten waschen, Stiel und Blütenansatz entfernen und im Ganzen trocknen. Die Kerne nicht entfernen, da sie ebenfalls Wirkstoffe enthalten. Verwendet werden die getrockneten Früchte als vitaminreicher Tee. Zur besseren Ausbeute und Entwicklung des Aromas werden die Früchte vorher grob zerkleinert (Küchenmixer).
Neben den wilden Hagebutten eignen sich auch die großen Früchte der Heckenrose, die im August reifen. Diese haben zwar nicht so ein kräftiges Aroma, bringen aber eine wesentlich höhere Ausbeute als ihre „wilden Schwestern“.

Heidelbeeren, Holunderbeeren, Schwarze Ribiseln, Preiselbeeren

Beeren abrebeln, verlesen und zum Trocknen auf Siebe oder Bleche auflegen. Siebe bzw. Roste während des Trockenvorganges mehrmals wechseln und aufschütteln. Getrocknete Heidelbeeren sind ein altbewährtes Hausmittel bei Verdauungsbeschwerden. Holunderbeeren eignen sich sehr gut als Tee bei Grippe. Alle Beerensorten ergeben interessante Früchteteemischungen.

Kirschen, Weichseln

Fleischige, gut ausgereifte Früchte je nach weiterer Verwendung mit oder ohne Kern locker auf Roste oder Siebe auflegen. Werden die Kirschen bzw. Weichseln nicht entkernt, dauert der Trockenvorgang sehr lange, und die Trockenfrüchte eignen sich nur zum Knabbern, da sich der Stein kaum mehr herauslösen läßt. Getrocknete Kirschen sind ein köstlicher und gesunder „Zuckerlersatz". Neben der Verwendung für Tee können Kirschen wie Rosinen weiterverarbeitet werden.

Marillen, Pfirsiche

Nur aromatische, voll ausgereifte Früchte verwenden. Früchte halbieren und entkernen. Damit die Farbe besser erhalten bleibt, werden die Marillen bzw. Pfirsiche vor dem Trocknen kurz in Zuckerwasser blanchiert. Für die Zuckerlösung rechnet man auf 1 Liter Wasser 500 g Zucker. Die Früchte aus dem Sud heben, gut abtropfen lassen und mit der Schnittfläche nach oben auf die vorbereiteten Roste bzw. Siebe legen. Die Früchte haben eine sehr lange Trocknungsdauer. Selbstgetrocknete Marillen sind wesentlich dunkler als gekaufte, geschwefelte Trockenmarillen.

Walnüsse

Nüsse in der Schale werden am besten flach aufgelegt in Obststeigen an einem warmen, luftigen Platz im Freien getrocknet. Während des Trockenvorganges des öfteren durchschütteln. Die getrockneten Nüsse werden zur weiteren Lagerung in Körben, Kisten oder Leinensäcken an einem trockenen Ort aufbewahrt.

Weintrauben

Trauben werden abgezupft und auf Rosten oder Sieben aufgelegt. Während des Trockenvorganges die Trauben mehrmals leicht hin- und herschütteln. Im Hinblick auf den späteren Genuß empfiehlt es sich, nur kernlose Trauben zu trocknen.

Ein elektrischer Dörrapparat ermöglicht ein schonendes Trocknen aller Obstarten

Trockenobst (Birnen, Äpfel, Zwetschken, Hagebutten, Vogelbeeren, Heidelbeeren etc.) ist immer ein Genuß!

Zwetschken, Pflaumen

Verwenden Sie nur voll ausgereifte Zwetschken (z.B. Hauszwetschke) bzw. Pflaumen. Ideal ist es, wenn die Früchte am Baum etwas eingeschrumpft sind (Runzeln rund um den Stiel). Zwetschken und Pflaumen, die mit dem Kern getrocknet werden, sind saftiger als entkernte. Jedoch lassen sich entkernte Früchte wesentlich besser weiterverarbeiten. Zwetschken mit Kern können an besonders warmen Tagen auch im Freien leicht vorgetrocknet und anschließend im elektrischen Dörrapparat, im Backrohr oder in Ofennähe fertig getrocknet werden. Wenn Sie entkernte Dörrfrüchte haben möchten, schneiden Sie die Zwetschke nur so weit auf, daß der Kern leicht entfernt werden kann. Anschließend wird die Frucht wieder zusammengeklappt und mit der Schnittfläche nach oben getrocknet. Zwetschken und Pflaumen haben eine sehr lange Trockenzeit, jedoch sollten sie nach dem Trockenvorgang nicht hart, sondern weich sein.

Wildfrüchte (Vogelbeeren, Schlehen, Sanddorn, Berberitzen etc.)

Wildfrüchte werden entstielt bzw. abgerebelt und gewaschen. Die abgetrockneten Früchte werden auf feinmaschige Siebe gelegt und langsam getrocknet. Getrocknete Wildfrüchte werden grob gehackt oder mit der Küchenmaschine zerkleinert. Verwendung finden sie für aromatische Wildfrüchteteemischungen. Sammeln Sie Wildfrüchte nur dann, wenn Sie diese auch wirklich kennen und über ihre Genießbarkeit Bescheid wissen.

Früchteteemischungen

Selbstkomponierte Früchteteemischungen sind eine Spezialität, die jeden Teeliebhaber begeistert. Die Geschmacksnuancen reichen von fruchtig mild bis angenehm säuerlich anregend. Getrocknete Früchte, wie z.B. Vogelbeeren, Hagebutten, Apfelschalen, Birnenstücke etc., ergeben auch „solo“ vorzügliche Tees. Für ein gutes Endprodukt sind ein sorgfältiger Trocknungsvorgang und die richtige Lagerung entscheidend. Große getrocknete Früchte werden für die Teebereitung grob zerkleinert. Äpfel oder Birnen lassen sich sehr gut mit einer Küchenschere zerkleinern. Andere größere Trockenfrüchte (z.B. Hagebutten, Vogelbeeren etc.) werden am einfachsten in der Küchenmaschine (Moulinette) oder Kaffeemühle grob zerkleinert. Blätter als Füllstoff werden grob gerebelt und mit den übrigen, gleichmäßig zerkleinerten Zutaten vermischt. Teemischungen bewahrt man am besten in Dosen, dunklen Schraubgläsern oder luftdicht verschlossenen Sackerln (Cellophan oder Papier) an einem trockenen Ort auf. Mit etwas Erfahrung lassen sich das ganze Jahr über wunderbare saisonale Früchteteemischungen zaubern. Für heiße Sommertage sind kalte bis eisgekühlte Früchtetees, mit Zitronen- oder Orangensaft und evt. etwas Honig verfeinert, erfrischende gesunde Durstlöscher.

Erdbeer-Orangen-Tee

6 EL getrocknete Erdbeerstückchen
4 EL getrocknete Erdbeerblätter
getrocknete Schale einer unbehandelten Orange
1–2 EL Orangenblüten (in der Apotheke erhältlich)
evt. 2 EL Orangenminze oder Orangenthymian

Bei der Zubereitung des Früchtetees rechnet man ca. 1 EL Früchteteemischung pro Tasse. Je nach Geschmack kann man mehr oder weniger Teemischung verwenden. Den Früchtetee mit kochendem Wasser übergießen und mindestens 10 Minuten ziehen lassen.

Ribiselmischtee

5 EL getrocknete Rote Ribiseln
5 EL getrocknete Schwarze Ribiseln
1 Handvoll getrocknete Ribiselblätter
3 EL getrocknete Zitronenmelisse
1 EL getrocknete Pfefferminze
1 EL getrocknete Schale einer unbehandelten Zitrone

Zubereitung siehe Erdbeer-Orangen-Tee.

Wildfrüchtetee

4 EL getrocknete Hagebutten
2 EL getrocknete Vogelbeeren
2 EL getrocknete Sanddornbeeren
1 EL getrocknete Holunderbeeren
1 EL getrocknete Berberitzen
1 EL getrocknete Heidelbeeren
1 Handvoll getrocknete Walderdbeerblätter
1 Handvoll getrocknete Waldbrombeerblätter

Zubereitung siehe Erdbeer-Orangen-Tee.

Kirschen- oder Weichselfrüchtetee

6 EL getrocknete Kirschen oder Weichseln
4 EL getrocknete Apfelschalen
2 EL getrocknete Zitronenmelisse
1 EL getrockneter Waldmeister
1 EL getrocknete Schale einer unbehandelten Orange oder Zitrone
evt. 1 TL getrocknete Goldmelissenblüten

Zubereitung siehe Erdbeer-Orangen-Tee.

Sommerfrüchtetee

4 EL getrocknete Apfelstückchen
3 EL getrocknete Kirschen
3 EL getrocknete Rote Ribiseln
3 EL getrocknete Marillen
3 EL getrocknete Pfirsiche
2 EL getrocknete Schale einer unbehandelten Orange
1 EL getrocknete Schale einer unbehandelten Zitrone
3 EL getrocknete Himbeerblätter
3 EL getrocknete Erdbeerblätter
2 EL getrocknete Hibiskusblüten
2 EL getrocknete Zitronenmelisse

Zubereitung siehe Erdbeer-Orangen-Tee.

Birnen-Preiselbeer-Tee

8 EL getrocknete Birnenstückchen
4 EL getrocknete Preiselbeeren
4 EL getrocknete Hibiskusblüten
1 TL getrocknete Goldmelisse

Zubereitung siehe Erdbeer-Orangen-Tee.

Orangenschalentee und Früchteteemischungen

Waldbeerentee

4 EL getrocknete Waldhimbeeren
4 EL getrocknete Waldbrombeeren
4 EL getrocknete Hagebutten
4 EL getrocknete Waldhimbeerblätter
4 EL getrocknete Waldbrombeerblätter

Zubereitung siehe Erdbeer-Orangen-Tee.

Weihnachtsfrüchteteemischung

6 EL getrocknete Quittenstücke
6 EL getrocknete Apfelstücke oder -schalen

4 EL getrocknete Hagebutten
2 EL getrocknete Dörrzwetschken
1 EL Rosinen
3 EL getrocknete Schalen einer unbehandelten Orange
1 TL Zimtstange (grob zerkleinert)
5 Gewürznelken (grob zerkleinert)
1/2 Vanilleschote (in kleine Stücke geschnitten)
evt. eine Prise Ingwer oder Muskat

Zubereitung siehe Erdbeer-Orangen-Tee. Zur harmonischen und gleichmäßigen Entfaltung des weihnachtlichen Aromas sollte die Teemischung mindesten eine Woche vor dem Gebrauch abgemischt werden. Zum Süßen eignet sich am besten Honig oder Kandiszucker.

Erkältungstee

6 EL getrocknete Hagebutten
2 EL getrocknete Schwarze Ribiseln
1 EL getrocknete Holunderbeeren
1 EL getrocknete Vogelbeeren
3 EL getrocknete Holunderblüten
2 EL getrocknete Lindenblüten

Zubereitung siehe Erdbeer-Orangen-Tee.

OBSTSÄFTE UND -SIRUPE

Selbstgemachte Obstsäfte und -sirupe (Verdünnungssäfte) in verschiedensten Zusammensetzungen und Zubereitungsmethoden sind seit jeher eine Spezialität, die in keiner gut sortierten Vorratskammer fehlen sollte. Voll ausgereifte, aromatische Früchte aus dem eigenen Garten oder günstige Saisonangebote lassen sich ganz einfach zu hausgemachten „flüssigen Schätzen" veredeln. Obstsäfte und -sirupe eignen sich auch hervorragend zum Verfeinern von Fruchtsaucen, für Eisspezialitäten, zum Süßen und Garnieren und zu vielem mehr.

Das Prinzip der Saftherstellung

Fast alle saftreichen Früchte können zu wohlschmeckenden Obstsäften veredelt werden. Mit unterschiedlichen Methoden zur Fruchtsaftbereitung werden die Zellwände der Früchte zum Platzen gebracht, und der reine Obstsaft tritt aus. Für den Haushalt unterscheiden wir grundsätzlich drei verschiedene Methoden der Fruchtsaftbereitung:

- *Dampfentsaften*
- *Gekochter Obstsaft*
- *Roher Obstsaft*

Die unterschiedlichen Herstellungsarten werden nachfolgend noch genau beschrieben.

Allgemeine Empfehlungen für die Herstellung von Obstsäften

Obstauswahl

- Obst für die Saftherstellung muß einwandfrei und voll ausgereift sein. Verwenden Sie *heimisches Obst,* denn nur dieses kann auch voll ausgereift geerntet werden. Je reifer die Früchte, desto höher die Saftausbeute und der fruchtige Geschmack.
- Zur Saftbereitung kann auch eingefrorenes Obst verwendet werden. Einfrieren ist oft die beste Lösung, reichen Erntesegen noch am selben Tag zu verarbeiten.
- Angefaulte und verschimmelte Früchte dürfen nicht verwendet, sondern müssen aussortiert werden. Verdorbenes Obst erzeugt im Endprodukt einen unappetitlichen Geruch und beeinträchtigt die Haltbarkeit stark. Verschimmeltes Obst darf auch nicht ausgeschnitten werden, da sich Schimmelpilzgifte im ganzen Fruchtfleisch verteilen.
- Chemisch behandeltes bzw. gespritztes Obst niemals zur Saftherstellung verwenden.
- Der beste Erntezeitpunkt ist der frühe Vormittag, nach dem Abtrocknen des Taues. Die Früchte sind zu diesem Zeitpunkt kühl und noch nicht durch die Mittagshitze „geschwächt" (Aromaeinbußen). Die Früchte werden sorgfältig gepflückt und flach in Körbe, Steigen etc. gelegt. Besonders empfindliche Früchte (Beeren, Steinobst) vor Druck schützen und nicht in der prallen Sonne stehen lassen.
- Leicht verderbliches Obst, insbesondere Beeren und teilweise auch Steinobst, immer am Tag der Ernte verarbeiten. Bei zu langer Lagerung kommt es zu Saftaustritt und Verlust an wert-

vollen Aroma- und Nährstoffen. Zusätzlich erhöht sich dadurch das Fäulnisrisiko, und das Endprodukt (Saft) wird häufig stumpf und hat einen unangenehmen Geschmack.
- Überschüsse, die bei Arbeitsspitzen nicht am selben Tag verarbeitet werden können, friert man am besten ein und verarbeitet sie später.
- Kernobst, wie z.B. Äpfel, Quitten etc., kann bei guter Lagerung und einwandfreier Obstqualität bis zur Verarbeitung ohne weiteres mehrere Tage gelagert werden.

Vorbereiten des Obstes

- *Beerenobst und Wildfrüchte:* Verlesen bzw. bei starken Verschmutzungen vorsichtig abbrausen oder mit einem Sieb mehrmals in Wasser eintauchen. Anschließend entstielen bzw. entsträubeln. Hagebutten werden entkernt. Wildfrüchte, wie Vogelbeeren, Schlehen oder Sanddorn, sollten erst nach dem ersten Frost geerntet werden, damit sie ihren herben, leicht bitteren Geschmack verlieren. Leider werden diese Beeren bis zu diesem Zeitpunkt meist schon von den Vögeln „vernascht". Deshalb empfiehlt es sich, die Beeren im Spätherbst zu ernten und über Nacht einzufrieren. So haben Sie die Möglichkeit, dem ersten Nachtfrost etwas nachzuhelfen. **Hinweis:** Beim Dampfentsaften ist ein Entstielen bzw. Entsträubeln nicht notwendig.
- *Steinobst:* Entstielen, gut waschen, entsteinen und evt. grob zerkleinern.
- *Kernobst:* Schimmlige Früchte aussortieren, fleckige oder angefaulte Stellen großzügig ausschneiden. Anschließend gut waschen und ungeschält samt Kerngehäuse in kleine Stücke schneiden. Quitten mit einem Tuch gut abreiben, um den Flaum zu entfernen.
- *Rhabarber:* Stiele waschen, ungeschält in kleine Stücke schneiden. Zur Minderung des Oxalsäuregehaltes werden die vorbereiteten Stücke in ein Sieb gelegt und mit kochendheißem Wasser übergossen. Das Wasser unbedingt wegschütten, da es mit Oxalsäure angereichert ist. Große Mengen dieser Säure können bei Kindern und magenempfindlichen Personen zu Unverträglichkeiten führen.

Empfehlenswerte Obstmischungen

- Da manche Früchte eher aromaschwach sind, empfiehlt es sich, einen sogenannten Saftverschnitt zu machen, d.h., man mischt zwei oder mehrere Obstsorten und erhält ein vollaromatisches Getränk mit schöner Farbe und einer Anreicherung an Vitaminen, Früchtsäuren und -zucker.
- Als Faustregel für Mischsäfte gilt: *Kräftige (z.B. Rhabarber) mit milden (z.B. Erdbeeren) Früchten bzw. herbe (z.B. Preiselbeeren) mit süßen (z.B. Birnen) Früchten mischen.*

Vorbereiten der Flaschen

- Zum Abfüllen des Saftes können Flaschen mit Bajonettverschluß (Bügelverschluß), mit Twist-off-Verschluß (Drehverschluß), weithalsige Einkochflaschen mit Gummiring und Deckel oder Flaschen mit Gummikappen verwendet werden.

Vorgefrostete Vogelbeeren im Fruchtkorb des Dampfentsafters

Abfüllen des fertigen Vogelbeersaftes

Vogelbeersaft –
eine erfrischende, nicht alltägliche Spezialität

- Flaschen, Verschlüsse, Gummikappen bzw. -ringe vor dem Gebrauch immer kontrollieren, ob sie einwandfrei (keine Absplitterungen, brüchige Gummikappen etc.) sind.

Beispiele für empfehlenswerte Mischsäfte

Obstarten	Mischverhältnis
Äpfel-Holunderbeeren	1:1
Äpfel-Rhabarber	2:1
Brombeeren-Äpfel	2:1
Brombeeren-Holunderbeeren	2:1
Erdbeeren-Rhabarber	2:1
Erdbeeren-Himbeeren	1:1
Hagebutten-Äpfel	3:1
Heidelbeeren-Äpfel	3:1
Himbeeren-Rote Ribiseln	3:1
Holunderbeeren-Äpfel	2:1
Jostabeeren-Rote Ribseln	2:1
Kirschen-Weichseln	1:1
Kirschen-Rote Ribiseln	2:1
Marillen-Rhabarber	3:1
Preiselbeeren-Birnen	2:1
Pflaumen-Äpfel-Holunderbeeren	1:1:1
Quitten-Äpfel	3:1
Ringlotten-Äpfel	3:1
Rote Ribiseln-Himbeeren	3:1
Rote Ribiseln-Stachelbeeren-Erdbeeren	2:1:1
Sanddorn-Hagebutten-Äpfel	2:1:1
Schlehen-Quitten	1:1
Schwarze Ribiseln-Brombeeren-Äpfel	3:1:1
Vogelbeeren-Äpfel	2:1

Möglichkeiten der Saftbereitung

Dampfentsaften

Eine einfache und altbewährte Methode der Saftgewinnung ist das Dampfentsaften. Im Dampfentsafter werden durch heißen Wasserdampf die Zellwände der Früchte zum Platzen gebracht, und der Saft läuft aus. Er wird heiß eingefüllt und muß daher nicht noch zusätzlich haltbar (pasteurisiert) gemacht werden.

Vorteile des Dampfentsaftens

- Einfache, rasche und saubere Methode. Obst, z.B. Holunderbeeren oder Ribiseln, muß nicht entstielt bzw. entsträubelt werden.
- Hohe Saftausbeute (1 Kilogramm Obst ergibt durchschnittlich 750 ml Saft).
- Entsaften und Pasteurisieren sind in einem Arbeitsgang möglich.
- Pro Entsaftungsvorgang können je nach Gerät bis zu 5 Kilogramm Obst verarbeitet werden.
- Die lange Haltbarkeit ist auch mit reduzierter Zuckermenge oder ganz ohne Zucker gegeben. Die Haltbarkeit beträgt mindestens 1 Jahr.

Nachteile des Dampfentsaftens

- Relativ hoher Verlust an hitzeempfindlichen Vitaminen, besonders an Vitamin C (bis zu 50%).
- Die Anschaffung eines Gerätes ist für den Haushalt nur empfehlenswert, wenn regelmäßig entsaftet wird.

Empfehlungen für die Praxis

- Der komplette Dampfentsafter besteht aus folgenden drei Teilen: Wassertopf, Fruchtkorb, Saftauffanggefäß mit Abfüllhahn. Im Handel gibt es auch Kombinationsgeräte, bei denen der Dampfentsafter im Einkochtopf integriert ist (z.B. Weck).
- Für kleine Mengen ist das Dampfentsaften auch im Dampfdrucktopf möglich. Dazu werden 125–250 ml Wasser in den Topf gegeben. Auf den Dreifuß wird der gelochte Einsatz gestellt und mit Obst gefüllt. Dieses wird auf Stufe II ca. 10–25 Minuten entsaftet. Genauere Details entnehmen Sie bitte der Gebrauchsanweisung Ihres Gerätes.
- Die Früchte werden ganz (Beerenobst) oder grob zerkleinert (z.B. Äpfel, Quitten etc.) ungeschält und mit dem Kerngehäuse in den Fruchtkorb des Dampfentsafters gelegt.
- Bei der Verwendung von Zucker wird dieser zwischen die Früchte gestreut, damit der Dampf den Zucker auflösen kann. Die Zuckermenge entnehmen Sie bitte der nachfolgenden Tabelle Seite 53.
- Die Zuckerbeigabe richtet sich grundsätzlich nach dem persönlichen Geschmack, da der Zucker beim Dampfentsaften für die Haltbarkeit nicht nötig ist.
- Empfehlenswerte Zuckermenge für Verdünnungssäfte: Auf 1 kg süße Früchte rechnet man 100–150 g Zucker. Auf 1 kg säuerliche Früchte rechnet man 200–300 g Zucker.

- Der Wassertopf wird ca. dreiviertelvoll mit Wasser gefüllt, der Saftauffangtopf und der Fruchtkorb mit Früchten daraufgesetzt und zugedeckt.
- Das Wasser wird zum Kochen gebracht. Die Entsaftungszeit beginnt erst, wenn das Wasser kocht. Genaue Zeiten siehe Tabelle Seite 53.
- Der aufsteigende Wasserdampf erhitzt die Früchte auf ca. 80° C, sie geben Saft ab, welcher sofort im Auffangtopf pasteurisiert wird.
- Durch das Fenster im Abfüllhahn kann man sehen, wenn der erste Saft läuft.
- Ca. 5 Minuten vor Beendigung des Entsaftens etwa 1 Liter Saft ablassen und über den Fruchtbrei im Fruchtkorb gießen. Dadurch erhält der ganze Saft dieselbe Konzentration, und eine gleichmäßige Pasteurisierung ist gewährleistet.
- Zum Abfüllen des Saftes wird der Dampfentsafter an den Herdrand gerückt. Darunter stellt man ein Stockerl mit einer weiten Schüssel. Die saubere, im Backrohr vorgewärmte Flasche in die Schüssel stellen und mit dem heißen Saft auffüllen.
- Den Saft etwas überlaufen lassen, bis kein Schaum mehr zu sehen ist, und die Flasche sofort verschließen. Bei Gummikappen ist die leicht nach innen gezogene Kappe ein sicheres Zeichen, daß die Flasche luftdicht verschlossen ist.
- Die Flaschen mit einem feuchten Tuch abwischen und auf eine weiche Unterlage stellen.
- Zugedeckt, vor Zugluft geschützt auskühlen lassen.
- Anschließend beschriften (Saftart, Datum etc.).
- Kühl und dunkel gelagert, beträgt die Haltbarkeit mindestens 1 Jahr.
- Verschimmelte oder bereits gärende Säfte dürfen keinesfalls verwendet werden.

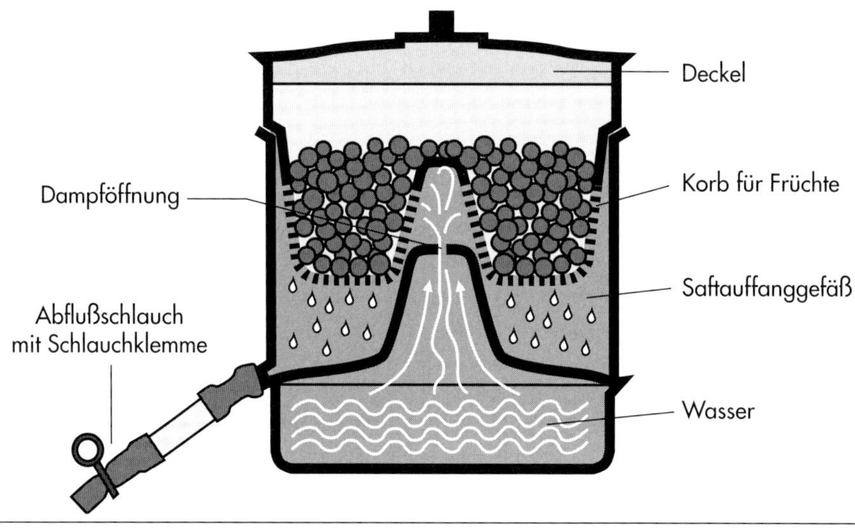

Schnitt durch einen Dampfentsafter

Richtwerte für Entsaftungszeiten und Zuckermengen pro Kilogramm Obst			
Obstsorte	**trinkfertiger Saft Zuckermenge**	**Verdünnungssaft Zuckermenge**	**Entsaftungszeit**
Äpfel	50 g	100–150 g	60–75 Minuten
Birnen	50 g	100–150 g	60–75 Minuten
Brombeeren	50–100 g	150–250 g	30–45 Minuten
Erdbeeren	20–60 g	100–150 g	20–30 Minuten
Heidelbeeren	50–100 g	150–250 g	30–45 Minuten
Himbeeren	20–60 g	100–200 g	20–30 Minuten
Holunderbeeren	100–150 g	200–300 g	30–45 Minuten
Jostabeeren	50–100 g	150–250 g	45–60 Minuten
Marillen	50 g	100–150 g	45–60 Minuten
Kirschen	50 g	100–150 g	40–50 Minuten
Pflaumen	50 g	100–150 g	45–60 Minuten
Preiselbeeren	50–100 g	200–300 g	45–60 Minuten
Quitten	50–100g	200–250 g	60–75 Minuten
Rhabarber	100–200 g	200–300 g	45–60 Minuten
Ribiseln	100–200 g	200–300 g	30–50 Minuten
Stachelbeeren	50–100 g	150–250 g	45–60 Minuten
Zwetschken	50 g	150–200 g	45–60 Minuten
Weichseln	50–100 g	200–300 g	40–50 Minuten
Wildfrüchte	50–100 g	150–250 g	45–60 Minuten

Gekochter Obstsaft

Vorteile des gekochten Obstsaftes

- Empfehlenswert für kleine Mengen Obst
- Keine speziellen Geräte (z.B. Dampfentsafter) notwendig.

Nachteile des gekochten Obstsaftes

- Sehr arbeits- und zeitaufwendig.
- Hoher Verlust an hitzeempfindlichen Vitaminen (z.B. Vitamin C).
- Relativ hohe Zuckerzugabe bzw. Pasteurisation zur Haltbarkeit notwendig.
- Geringere Saftausbeute als beim Dampfentsaften.

Empfehlungen für die Praxis

- Die gewaschenen Früchte entstielen, nach Bedarf in Stücke schneiden und in einem Kochtopf mit der angegebenen Wassermenge zum Kochen bringen. Auf 2 Kilogramm Obst rechnet man je nach Saftgehalt der Früchte 1–2 Liter Wasser.

- Weiche Obstarten, z.B. Beeren, werden nur kurz aufgekocht. Harte Früchte, z.B. Quitten, Hagebutten etc., werden weich gekocht.
- Den kochendheißen Fruchtbrei durch ein kalt abgespültes Safttuch oder ein Sieb (mit ausgekochtem Tuch, z.B. Baumwolle, Leinen, Leinen-Baumwoll-Gemisch, ausgelegt) filtern. Der Saft muß von selbst ablaufen und braucht seine Zeit (am besten über Nacht). Nicht zu stark ausdrücken, da der Saft dadurch trüb wird.
- Den gewonnenen Saft abmessen, mit entsprechender Zuckermenge verrühren und ca. 5 Minuten kochen lassen. Während des Kochens öfter umrühren, damit der Zucker vollständig aufgelöst wird. Als Faustregel gilt: Auf 1 Liter Saft rechnet man bei süßen Früchten 200–300 g Zucker, bei säuerlichen Früchten 400–600 g Zucker.
- Den kochendheißen Saft mit einem Trichter randvoll in die vorgewärmten Flaschen füllen und sofort verschließen. Den Schaum unbedingt ablaufen lassen, da dieser die Haltbarkeit beeinträchtigen kann.
- Gekochte Säfte mit stark reduzierter Zuckermenge (50–100 g Zucker/Liter Saft) müssen zur besseren Haltbarkeit zusätzlich pasteurisiert werden. Die Pasteurisierdauer beträgt 25 Minuten bei mindestens 75° C.
- Die Flaschen abwischen, auf ein weiches Tuch stellen und zugedeckt auskühlen lassen.
- Anschließend beschriften und kühl und dunkel aufbewahren. Die Haltbarkeit beträgt mindestens 1 Jahr.

Richtwerte für die Obst-, Wasser- und Zuckermenge pro Liter Saft			
Obstsorte	**Obstmenge**	**Wassermenge**	**Zucker/Liter Saft**
Äpfel	2000 g	1500–2000 ml	200–300 g
Birnen	2000 g	1500–2000 ml	200–300 g
Brombeeren	2000 g	500–750 ml	300–400 g
Heidelbeeren	2000 g	500 ml	400–500 g
Himbeeren	2000 g	500 ml	300–400 g
Holunderbeeren	2000 g	750–1000 ml	400–500 g
Jostabeeren	2000 g	750–1000 ml	300–500 g
Kirschen	2000 g	750–1000 ml	250–400 g
Preiselbeeren	2000 g	750–1000 ml	400–600 g
Rhabarber	2000 g	500–750 ml	500–600 g
Ribiseln	2000 g	750–1000 ml	400–500 g
Quitten	2000 g	1500–2000 ml	200–300 g
Weichseln	2000 g	750–1000 ml	400–500 g
Wildfrüchte	2000 g	1500–2000 ml	200–400 g

Roher Obstsaft

Vorteile der Rohobstsaftbereitung

- Schonendste Methode der Saftherstellung.
- Vitamine und Aromastoffe der Früchte bleiben am besten erhalten.
- Eignet sich besonders für kleine Mengen Beeren und besondere Obstspezialitäten.

Nachteile der Rohobstsaftbereitung

- Geringe Haltbarkeit (1–3 Monate).
- Beginnt bei ungünstiger Lagerung leicht zu gären.

Empfehlungen für die Praxis

- Diese Methode eignet sich vor allem für kleine Mengen saftreicher Beeren.
  Hinweis: Schwarze Holunderbeeren dürfen für Rohsäfte nicht verwendet werden, denn sie enthalten Sambunigrin (kann zu Übelkeit, Erbrechen und Durchfall führen). Durch Erhitzen (z.B. Dampfentsaften oder gekochter Saft) wird Sambunigrin zerstört.
- Die Beeren zerdrücken (z.B. Stampfer, Fruchtpresse etc.) und in eine Porzellan- oder Steingutschüssel geben.
- Zitronen- oder Weinsäure (in Apotheken erhältlich) wird in entsprechender Wassermenge aufgelöst und über die Früchte gegossen. Als Faustregel gilt: Auf 1 Kilogramm Früchte rechnet man 250 ml Wasser und 20 g Zitronen- oder Weinsäure). Auf 1 Liter Saft rechnet man 750–1000 g Zucker.
- Weinsäure, auch Weinsteinsäure genannt, ist eine organische Säure, die in vielen Früchten vorkommt, aber vorwiegend aus Trauben gewonnen wird.
- Das Ganze über Nacht zugedeckt stehen lassen. In dieser Zeit platzen die Zellwände, und der Saft läuft aus.

- Am nächsten Tag den Saft filtern. Dafür spannen Sie ein kalt gespültes Baumwolltuch über die vier Beine eines umgedrehten Sessels oder Hockers. Nun schütten Sie den Obstbrei in das Safttuch und lassen den Saft ohne zusätzlichen Druck langsam in eine untergestellte Schüssel durchlaufen.
- Bei sehr kleinen Obstmengen bringt ein elektrischer Entsafter eine höhere Saftausbeute.
- Nun den Saft mit entsprechender Zuckermenge verrühren, bis diese vollständig aufgelöst ist.
- Anstelle von Haushaltszucker können auch Voll-, Roh-, Braun- oder Kandiszucker und verschiedene Wald- oder Blütenhonige verwendet werden. Achten Sie jedoch darauf, daß der Eigengeschmack der Frucht erhalten bleibt und nicht durch geschmacksintensive Zuckeralternativen überdeckt wird.

Himbeersaft – ein köstlicher Durstlöscher für jung und alt

- Den fertigen Saft in gut gereinigte (im Backrohr getrocknete Flaschen) füllen und sofort verschließen.
- Beschriften und sehr kühl und dunkel aufbewahren.
- Rohe Obstsäfte haben nur eine sehr kurze Haltbarkeit (1–3 Monate). Angebrochene Flaschen müssen im Kühlschrank gelagert und rasch verbraucht werden.
- Rohsäfte lassen sich auch ausgezeichnet einfrieren. Kleine Mengen können in Eiswürfelbehältern vorgefroren und später in Gefrierbeutel verpackt werden.
- Rohsaft, der mit Weinsäure hergestellt wurde, darf bei der weiteren Verwendung nicht gekocht werden (zerfällt durch Erhitzen in Oxalsäure und Glykole) und eignet sich daher nicht zur Geleebereitung.
- Preßrückstände (sogenannte Trester) können zur Marmeladen-, Mus- oder Pastenbereitung verwendet werden.

Dicksäfte

Dicksaft ist eine dickflüssige Zubereitung von Obstsäften, die durch starkes Einkochen (Reduzieren) hergestellt wird. Apfel- und Birnendicksaft sind beliebte Süßungsmittel in der Naturküche. Diese alternativen Süßen können Sie auch selbst herstellen.

So wird's gemacht!

- Äpfel oder Birnen (bzw. gemischt) am einfachsten im elektrischen Entsafter entsaften. Der Saft kann auch durch Dampfentsaften oder Kochen ohne Zuckerbeigabe gewonnen werden.
- Den so gewonnenen Obstsaft in einem breiten Topf zum Kochen bringen. Bei schwacher Hitze sanft einköcheln (reduzieren) lassen. Nicht zudecken, damit das Wasser verdampfen kann.
- So lange reduzieren, bis nur mehr 15–20% der ursprünglichen Saftmenge übrigbleiben. Der fertige Dicksaft muß eine honig- bzw. sirupartige Konsistenz aufweisen. D.h., 1 Liter Saft ergibt ca. 150–200 ml Dicksaft.
- Den Dicksaft in kleine, saubere, vorgewärmte Gläser oder Flaschen füllen. Sofort verschließen und anschließend beschriften.

OBSTKONFITÜREN, -MARMELADEN UND -GELEES

Konfitüren, Marmeladen und Gelees aus Obst sind in unserer Zeit wieder ein Symbol für eine bestimmte Lebensart geworden. Sie erinnern uns positiv an vergangene Zeiten, in denen unsere Großmütter noch die Muße hatten, frisches Obst aus dem eigenen Garten zu Köstlichkeiten für die Vorratskammer zu verarbeiten. Gerade in unserer schnellebigen Zeit weiß man wieder um den Wert der liebevoll hergestellten Marmeladen. Denn nichts ist köstlicher als eine selbstgemachte, mit Liebe und Sorgfalt hergestellte Konfitüre mit Früchten aus dem eigenen Garten. Durch das große Angebot an Geliermitteln und -hilfen ist heute auch für Berufstätige das Herstellen von selbstgemachten Marmeladekreationen kein Problem mehr. Wie wäre es mit einem Himbeergelee mit Duftgeranien, einer Marillenkonfitüre mit Zitronenmelisse, einer roh gerührten Waldbrombeerkonfitüre, einer Pfirsichkonfitüre mit echter Vanille oder einem feinen Vogelbeer-Apfel-Gelee? Sind Sie auf diese besonderen Geschmackserlebnisse neugierig geworden? Dann probieren Sie es doch einfach aus!

Konfitüre, Marmelade oder Gelee?

Seit einigen Jahren gibt es eine neue offizielle lebensmittelrechtliche Definition, die in Angleichung an den englischen Sprachgebrauch besagt, daß Marmeladen nur aus Zitrusfrüchten hergestellt werden, wogegen die Produkte aus allen anderen Früchten den Konfitüren zuzuordnen sind. Sehr oft findet sich anstelle der Bezeichnung „Konfitüre" die Sachbezeichnung „Fruchtaufstrich" am Etikett.

Konfitüren: Sind, laut Konfitürenverordnung, aus einer oder mehreren Obstarten (ganz oder teilweise zerkleinert) hergestellte streichfähige Zubereitungen. Im Handel wird zwischen „Konfitüre extra" und „einfach" unterschieden.

Marmeladen: Sind, laut Konfitürenverordnung, streichfähige Zubereitungen aus Zitrusfrüchten (Orangen, Zitronen, Grapefruits, Mandarinen usw.). Diese Bezeichnung wird häufig noch für alle dickbreiigen Produkte angewandt, die z.B. mit Hilfe eines Mixers vor der Herstellung püriert werden.

Gelees: Sind gelierte Zubereitungen aus reinem oder verdünntem Fruchtsaft und Zucker.

Das Prinzip der Konfitüren- und Geleebereitung

Für Konfitüren und Gelees werden die vorbereiteten Früchte bzw. der Fruchtsaft unter Zugabe von Zucker so lange gekocht, bis die Flüssigkeit weitgehend verdampft ist und die Masse zu gelieren (festzuwerden) beginnt. Bei einer Konzentration von mindestens 50% wirkt Zucker (1 Teil Frucht : 1 Teil Zucker) auf Mikroorganismen wachstumshemmend. Beim Konfitürenkochen bindet er durch seine Wasserlöslichkeit die Flüssigkeit und schafft ein Milieu, in welchem sich keine Bakterien entwickeln können. Zusätzlich ist er für die Erhaltung von Farbe und Aroma verantwortlich und verhindert den zu schnellen Abbau von Vitaminen (besonders Vitamin C) und Nährstoffen. Die Zuckerbeigabe muß mit anderen Haltbarmachungsverfahren kombiniert werden. Am gebräuchlichsten sind das Heißeinfüllen und die Verminderung des frei verfügbaren Wassers durch Zusatz von Geliermitteln.

Möglichkeiten der Konfitüren- und Geleebereitung

Nur mit Zucker (1:1-Methode)

Nach diesem altbewährten Verfahren haben bereits unsere Großmütter eingekocht. Je nach Fruchtart werden Frucht und Zucker im Verhältnis 1:1 gekocht, bis die Masse durch den natürlichen Pektingehalt der Früchte zu gelieren beginnt. Diese Methode ist jedoch nur für pektinreiche Früchte, z.B. Äpfel, Quitten, Ribiseln, Stachelbeeren, empfehlenswert. Um den Geliervorgang zu unterstützen, setzt man bei säurearmen Früchten Zitronensaft oder -säure bei. Bei pektinarmen Früchten kann die Kochdauer bis zum Erreichen des Gelierpunktes bis zu mehreren Stunden dauern. Diese Methode entspricht nicht mehr den heutigen ernährungsphysiologischen Ansprüchen, da durch die lange Kochdauer ein Großteil der wertvollen Inhaltsstoffe verlorengeht.

Mit Zucker und Gelierhilfen

Mit Gelierhilfen geht das Konfitüren- und Geleekochen wesentlich schneller, einfacher und schonender, da man sich das Freikochen von natürlichem Pektin aus der Frucht erspart. Es gibt flüssige Geliermittel, Gelierpulver oder fertigen Gelierzucker. Für Diabetiker werden in Reformhäusern spezielle Diabetikergelierzucker angeboten.

Mit Gelierhilfen ohne Zucker

Für zuckerfreie Konfitüren wird die Fruchtmasse mit speziellen Geliermitteln aus Johannisbrotkernmehl oder Agar-Agar kurze Zeit gekocht und dabei eingedickt. Zum Süßen werden Zuckeraustauschstoffe oder andere Süßstoffe je nach Geschmack beigegeben. Die Haltbarkeit ist sehr gering (ca. 2 Monate). Im Handel sind für Diabetiker auch spezielle Geliermittel (mit Konservierungsmitteln) erhältlich, die eine längere Haltbarkeit der Konfitüre gewährleisten.

Roh gerührte Konfitüren

- Diese Form der Zubereitung eignet sich am besten für Beerenfrüchte, aber auch für saftige, sonnengereifte Früchte, wie z.B. Marillen, Pfirsiche, Zwetschken etc. Kernobst, wie Äpfel, Birnen oder Quitten, eignet sich nicht.
- Es empfiehlt sich, nur kleine Mengen herzustellen, da diese Spezialität nur begrenzt haltbar ist. Kalt gerührte Konfitüren können auch im Winter aus eingefrorenen Früchten hergestellt werden.
- Roh gerührte Konfitüre wird aus einem Teil Gelierzucker bzw. Zucker und einem Teil Frucht

zubereitet. Die zerdrückten Früchte werden mit Zucker vermischt und über Nacht kühl und zugedeckt stehen gelassen.

- Anschließend wird evt. etwas Zitronensaft beigemengt und ca. 15–20 Minuten mit dem Mixer (am besten mit einer Küchenmaschine) gerührt, bis sich der Zucker vollkommen gelöst und die Masse eine dickliche Konsistenz hat.
- Auf 1 Kilogramm Fruchtmasse rechnet man 1 Kilogramm Zucker oder 500–700 g Blütenhonig. Bei der Zugabe von Honig muß man aufpassen, daß der natürliche Fruchtgeschmack nicht überdeckt wird. Blütenhonige schmecken am neutralsten.
- Diabetiker verwenden für kalt gerührte Konfitüren einfach Diabetikergelierzucker, Fruchtzucker oder flüssige Diabetikersüße.
- Aufgrund der eher weichen Konsistenz kalt gerührter Konfitüren gibt man zur Festigung gerne Agar-Agar bei. Auf 1 Kilogramm Frucht rechnet man 1 TL Agar-Agar-Pulver; dieses wird in etwas Zitronensaft aufgelöst und zusammen mit einer Tasse heißem Wasser unter die roh gerührte Konfitüre gegeben.
- Die Gläser vor dem Einfüllen mit Alkohol ausspülen (bessere Haltbarkeit).
- Roh gerührte Konfitüre am besten in kleine Schraubgläser füllen. Ein Verschluß mit Cellophan ist nicht empfehlenswert, da die Konfitüre dadurch zu rasch austrocknet.
- Vor dem Verschließen die gefüllten Gläser – mit einem sauberen Tuch abgedeckt – offen einige Stunden stehen lassen. Dadurch kann die eingerührte Luft entweichen.
- Empfehlenswert ist der Abschluß mit einem in Alkohol getauchten Blättchen Pergamentpapier.
- Roh gerührte Konfitüren, die mit Agar-Agar zubereitet wurden, in den ersten Tagen nicht zuviel bewegen, da dieses Geliermittel einige Tage zum Gelieren braucht.
- Kühl und dunkel aufbewahren. Die Haltbarkeit beträgt je nach Zuckergehalt maximal 3 Monate. Angebrochene Gläser im Kühlschrank aufbewahren und rasch verbrauchen. Roh gerührte Konfitüre eignet sich auch sehr gut zum Einfrieren.

Diabetikerkonfitüren und -gelees

- Die Herstellung von Konfitüren und Gelees ist auch für Diabetiker nicht schwierig, wenn einige wichtige Grundsätze beachtet werden.
- Erprobte Rezepte lassen sich bei Verwendung geeigneter Süßungs- und Geliermittel problemlos zu Diabetikerkonfitüren abwandeln.
- Haushaltszucker (auch Voll-, Braun-, Roh-, Rohr- und Kandiszucker), Traubenzucker und Honig sind für Diabetiker verboten.
- Der süße Geschmack wird durch Diabetikersüßstoff, Fruchtzucker oder andere diabetikergeeignete Zuckeraustauschstoffe (z.B. Sorbit) erreicht.
- Als Gelierhilfe verwendet man Flüssigpektin, selbstgemachtes Pektin (siehe Pektin), spezielle Gelierpulver (z.B. Gelierpulver 2:1 oder Gelierpulver für Konfitüren ohne Zucker), Gelierfruchtzucker, Agar-Agar, Unigel oder Johannisbrotkernmehl.
- Die genaue Verwendung der Gelierhilfen entnehmen Sie der Gebrauchsanweisung des jeweiligen Produktes.

- Pektine sind unverdauliche Kohlenhydrate, die bei der Berechnung der Broteinheiten nicht berücksichtigt werden. Dasselbe gilt für Gelierstoffe.
- Bei der Verwendung von Fruchtzucker ist darauf zu achten, daß dieser eine stärkere Süßkraft als normaler Haushaltszucker hat. Eine Menge von 120 g Haushaltszucker kann durch 100 g Fruchtzucker ersetzt werden.
- Fruchtzucker erhält die Farbe, ist hitzebeständig, konserviert und geliert wie Haushaltszucker.
- Bei der Verwendung von Süßstoff fehlt die konservierende und gelierende Wirkung von Zucker. Erdbeerkonfitüre wird z.B. blaß und unansehnlich. Weiters ist Süßstoff meist nicht hitzebeständig und verliert durch Kochen an Süßkraft. Er wird deshalb erst nach dem Kochen eingerührt bzw. vor dem Verzehr beigegeben.
- Die Haltbarkeit ist abhängig von der verwendeten Gelierhilfe und der Zuckermenge. Spezielle Gelierhilfen für zuckersparende Konfitüren bzw. solche ohne Zucker enthalten Konservierungsmittel, die die Haltbarkeitsdauer erhöhen.
- Wer auf Gelierhilfen mit Konservierungsmitteln verzichten möchte, kann die Konfitüren ca. 10 Minuten bei 75° C sterilisieren oder die fertige Konfitüre einfrieren.
- Bei der Berechnung der Broteinheiten muß der Kohlenhydratgehalt vom Obst, den Süßungsmitteln und Geschmackszutaten berücksichtigt werden.
- Auch sogenannte Diabetikerkonfitüren sollten von Diabetikern nur in kleinen Mengen genossen werden.

Einkochhilfen, Geliermittel und Süßungsmittel

Das Angebot an Gelierhilfen und Süßungsmitteln wird durch den Handel immer größer. Welche dieser Einkochhilfen bzw. Süßungsmittel Sie für Ihre Konfitüren und Gelees verwenden, können Sie individuell und nach persönlichen Vorlieben entscheiden.

Zucker

Zucker, den wir heute mit so leichter Hand verkochen, war bis ins frühe 19. Jahrhundert eine Kostbarkeit und wurde wie ein edles Gewürz verwendet. Nach der Entdeckung Amerikas kam Zuckerrohr von den Westindischen Inseln nach Europa. In unseren Breiten wird Zucker aus der Zuckerrübe gewonnen. Zur Konfitüren- und Geleebereitung wird fast immer weißer Zucker (Kristallzucker) verwendet. Er schützt das sich rasch abbauende Vitamin C der Früchte und verlangsamt den Abbau der natürlichen Farbstoffe. Dadurch daß Zucker durch seine Wasserlöslichkeit die Flüssigkeit bindet und ein Milieu, in welchem sich keine Bakterien entwickeln können, erzeugt, wird das Einkochgut konserviert. Neben dem bei uns üblichen Haushaltszucker werden im Handel auch Voll-, Braun-, Roh-, Kandis- und Rohrzucker angeboten. Diese Zuckerarten sind bei der Herstellung von Konfitüren jedoch sehr vorsichtig einzusetzen, da sie einen leichten Melassegeschmack haben und somit den typischen Fruchtgeschmack beeinträchtigen können.

In die vorbereiteten Gläser abgezupfte Holunderblüten legen

Mit Hilfe eines Einfülltrichters Erdbeerkonfitüre in Gläser füllen

Erdbeerkonfitüre mit Holunderblüten – eine duftige „Blümchenmarmelade“

Honig

Konfitüren bzw. Gelees mit Honig werden nur sehr selten hergestellt. Denn durch das Erhitzen werden die wertvollen Inhaltsstoffe weitgehend zerstört. Außerdem sind mit Honig hergestellte Konfitüren eine sehr kostspielige Sache. Bei der Herstellung von gekochten Konfitüren muß während des Kochens kräftig gerührt werden, da Honig leicht anbrennt. Empfehlenswert ist Honig aber für kalt gerührte Konfitüren, da alle Inhaltsstoffe erhalten bleiben. Am besten geeignet sind Blütenhonige, weil sie relativ neutral schmecken und mit Beerenfrüchten meist gut harmonieren.

Pektin

Pektine kommen in der Natur in fast allen Pflanzen vor. Pektin verbindet die einzelnen Zellen der Früchte und ist somit für deren Festigkeit verantwortlich. Diese Eigenschaft macht man sich bei der Konfitürenbereitung zunutze. Nach kurzem Erhitzen bildet das Pektin im Frucht-Zucker-Säure-Gemisch beim Erkalten wieder „neue Zellen". Dieses „Zellgerüst" gleicht einem Gel, der Vorgang heißt gelieren. Der Pektingehalt ist von der Obstart und derem Reifegrad abhängig. Unreife Früchte enthalten mehr Pektin als reife. Bei überreifen Früchten wird Pektin wieder abgebaut und die Gelierkraft geht verloren. Früchte mit geringem Pektingehalt sollten mit pektinreichen gemischt werden (z.B. Holunderbeeren mit Äpfeln). Durch Einfrieren von Früchten wird der Pektingehalt nicht verändert.

Früchte mit hohem Pektingehalt: Apfel, Berberitze, Heidelbeere, Jostabeere, Preiselbeere, Ribisel, Stachelbeere, Quitte, Zitrusfrüchte.
Früchte mit mittlerem Pektingehalt: Birne, Brombeere, Himbeere, Pfirsich, Pflaume, Marille, Ringlotte, Sanddorn, Schlehe, Vogelbeere, Weichsel.
Früchte mit geringem Pektingehalt: Erdbeere, Kirsche, Holunderbeere, Rhabarber, Weintraube.

Pektin selbst herstellen

5000 g unreife, grüne Äpfel (mit Kerngehäuse und Schale) werden in dünne Scheiben geschnitten und mit ca. 2500 ml Wasser in einem großen Topf zum Kochen gebracht. Nun kocht man die Masse zugedeckt ca. eine halbe Stunde bei schwacher Hitze. Die Fruchtmasse wird anschließend durch ein mit einem Nessel- oder Mulltuch ausgelegtes Sieb geseiht. Den Saft am besten über Nacht durchlaufen lassen. Die abgelaufene Flüssigkeit in einen Topf geben und auf die Hälfte einkochen lassen, bis der Saft dick und sirupartig ist. Anschließend nochmals durch ein Tuch gießen und in die vorbereiteten, gewärmten Gläser füllen. Für eine sichere Haltbarkeit wird das Pektin entweder 5 Minuten bei 75° C sterilisiert oder am einfachsten vorportioniert eingefroren. Auf 1 Kilogramm Fruchtmasse rechnet man ca. 125 ml selbstgemachtes Flüssigpektin.

Tip: Anstelle von Äpfeln eignen sich auch Quitten sehr gut zur Pektinbereitung. Der relativ neutrale Geschmack und die helle Farbe von Äpfeln und Quitten beeinträchtigen den natürlichen Eigengeschmack bzw. die Eigenfarbe der Früchte am wenigsten.

Zitronensäure und -saft

Der Geliervorgang wird durch das Säure-Pektin-Zucker-Verhältnis bestimmt. Der Säuregehalt der einzelnen Früchte ist je nach Reifegrad und Herkunftsland oft recht unterschiedlich. Besonders nach sehr regenreichen, sonnenarmen Sommern kann der Gehalt an Fruchtsäuren geringer sein. Um den fehlenden Eigensäuregehalt auszugleichen, wird zur Förderung des Geliervorganges Zitronensaft oder -säure beigegeben. In den handelsüblichen Geliermitteln ist Zitronensäure bereits enthalten bzw. beigepackt.

Gelierzucker 1:1

Gelierzucker 1:1 heißt, daß auf einen Teil Frucht ein Teil Gelierzucker gerechnet wird. Gelierzucker ist Haushaltszucker, dem Pektin (E 440) und Zitronensäure (E 330) beigesetzt wurden. Die beiden letzteren bewirken ein rasches Gelieren, Zucker wirkt konservierend und süßend. Gelierzucker hat den Vorteil, daß man ohne lange Kochzeiten (ca. 4 Minuten) problemlos Konfitüren und Gelees herstellen kann.

Gelierzucker 2:1

Auch Bezeichnungen wie: Gelierzucker extra, Spezial-Gelierzucker, Gelierzucker zuckersparend, sind im Handel üblich. Dieser Spezialgelierzucker eignet sich für die Herstellung kalorienarmer, fruchtig-leichter Konfitüren. Er enthält ebenfalls die notwendige Menge an Pektin (E 440) und Zitronensäure (E 330). Aufgrund der reduzierten Zuckermenge enthält er den Konservierungsstoff Sorbinsäure (E 200) bzw. deren Salze: Natriumsorbat (E 201), Kaliumsorbat (E 202) und Calciumsorbat (E 203). Sorbinsäure und deren Salze gelten als unbedenklich.

Gelierpulver

Gelierpulver enthält meist Trauben-, Frucht- oder Milchzucker und Pektin. Auch zuckersparende Gelierpulver werden angeboten. Als Süßungsmittel können hier auch Honig, künstlicher Süßstoff, Sorbit oder Fruchtzucker verwendet werden. Zuckersparende Gelierpulver enthalten als Konservierungsstoff meist Sorbinsäure bzw. deren Salze und Zitronensäure (E 330) oder deren Salze: Natriumcitrat (E 331), Kaliumcitrat (E 332), Calciumcitrat (E 333). Zitronensäure und deren Salze gelten ebenfalls als unbedenklich. Zuckersparende Gelierpulver sind eine echte Alternative für Diabetiker und all jene Personen, die kalorienarme Konfitüren mit längerer Haltbarkeit herstellen wollen. Zu beachten ist, daß Gelierpulver immer vor dem Süßungsmittel zugegeben werden muß, denn in gesüßten Früchten löst es sich schlecht auf.

Flüssige Geliermittel

Sie bestehen aus Apfelpektin in flüssiger Form und beigepackter kristallisierter Zitronensäure. Als Konservierungsmittel wird oft Schwefeldioxid (E 220) beigesetzt. Flüssige Geliermittel eignen sich auch für die Herstellung von Diabetikerkonfitüren. Die Kochzeit bei flüssigen Geliermitteln ist sehr kurz und daher nährstoff- und aromaschonend. Püriertes Obst benötigt laut Herstellerangaben sogar nur eine Kochzeit von 10 Sekunden. Es ist jedoch zu empfehlen, die Kochzeit auf 1 Minute zu erhöhen, da die Masse sonst evt. nicht ganz durchgekocht ist und somit die Haltbarkeit beeinträchtigt werden kann. Bei Gelee beträgt die Kochzeit 2 Minuten und bei ganzen Früchten 10 Minuten.

Agar-Agar

Dieses aus Rotalgen gewonnene Geliermittel wird im Handel in Pulverform angeboten. Agar-Agar (E 406) quillt in kalter Flüssigkeit und löst sich nur in kochendem Wasser auf. Es ist farblos und geschmacksneutral und wird besonders in der Naturküche als Verdickungsmittel eingesetzt. Der Geliervorgang dauert meist länger (bis zu einer Woche) als bei anderen Gelierhilfen. Deshalb die Gläser in den ersten Tagen ruhig stehen lassen und nicht schütteln!

Unigel

Unigel ist ein Geliermittel aus Apfelpektin ohne Konservierungsstoffe. Es ist wie andere alternative Geliermittel in Naturkostläden, Reformhäusern oder Apotheken erhältlich. Bei der Konfitüren- bzw. Geleeherstellung kann auch flüssiger Süßstoff, aber auch Honig verwendet werden. Die Gebrauchsanleitung muß genau befolgt werden, da die Masse bei einem zweiten Erhitzen nicht mehr geliert und die Gelierprobe nur beschränkt möglich ist. Gelees, die mit Unigel hergestellt werden, haben eine eher „schleimige“ Konsistenz.

Johannisbrotkernmehl

Dieses Verdickungsmittel wird aus dem Samen des Johannisbrotbaumes gewonnen. Johannisbrotkernmehl (E 401) wird evt. mit Milchzucker und Rotalgenpulver vermengt, mit den Früchten vermischt und ca. 5 Minuten gekocht. Im Handel werden auch Geliermittel wie N-Gel (Johannisbrotkernmehl, Milchzucker und Rotalgen) oder Bio-Bin (Johannisbrotkernmehl und Calciumlaktat) angeboten.

Empfehlungen für die Praxis

Arbeitsgeräte

- Alle Arbeitsgeräte und Hilfsmittel müssen einwandfrei sauber und fettfrei sein. Ideal ist eine eigene Einkochgarnitur (Kochtopf, Kochlöffel etc.), die ausschließlich zur Konfitürenbereitung verwendet wird.

- Einkochtöpfe sollten am besten aus Edelstahl (Nirosta) mit starkem Elektroboden sein. Für leichtes Gelieren ist ein hoher und weiter Topf, in dem die Masse ohne überzulaufen sprudelnd kochen und das Wasser ausreichend verdampfen kann, am besten geeignet.
- Holzkochlöffel sind nicht ideal, da sie die intensiven Geschmacks- und Farbstoffe der Fruchtmasse aufnehmen und sich schlecht reinigen lassen. Empfehlenswert sind Kunststoffkochlöffel.
- Lochschöpfer (zum Abschäumen) und Schöpflöffel sollten am besten aus Edelstahl sein.
- Mit Hilfe eines Einfülltrichters wird ein rasches und sauberes Einfüllen ermöglicht, ohne daß der Glasrand nochmals gereinigt werden muß.

Gläser und Verschlüsse

- Ideal sind Gläser in verschiedenen Größen mit Twist-off-Verschluß (Drehverschluß) oder mit Bügelverschluß (mit Gummiring). Auch alle anderen Gläser mit einwandfreiem Glasrand, welche mit Einmachcellophan und Gummiring bzw. Schnur verschlossen werden, sind geeignet.
- Achten Sie darauf, daß die Gläser nicht zu groß sind (maximal 500 ml), da kleinere Gläser wesentlich mehr Vorteile bieten. Der Inhalt geliert schneller und besser, bei einem verdorbenen Glas ist der Verlust nicht so groß. Kleine Gläser können auch schneller aufgebraucht werden, und nicht zuletzt kann auf Ihrem Frühstückstisch kein „Einheitskonfitüren-Frust" aufkommen.
- Gläser und Deckel in einer Spülmittellösung gründlich waschen und mit heißem klarem Wasser nachspülen. Ältere Gläser über Nacht in Wasser einweichen und anschließend gründlichst reinigen. Die Gläser müssen völlig sauber und fettfrei sein.
- Gläser zum Abtropfen umgedreht auf ein sauberes Tuch geben oder am besten bei niedriger Temperatur (ca. 50° C) im Backrohr trocknen.
- Gummiringe werden in leichtem Essigwasser ausgekocht und bis zur Verwendung in klarem Wasser liegen gelassen.

Obstauswahl

- Heimisches, frisch geerntetes Obst bietet die besten und natürlichsten Voraussetzungen für eine gute Qualität selbstgemachter Konfitüren und Gelees.
- Das Obst muß ausgereift und einwandfrei sein. Die Früchte sollten frisch, fest und reif, aber nicht überreif sein, da sie sonst nicht gut gelieren.
- Zum Einkochen verwendet man spätreife Fruchtsorten, da sie einen geringeren Wassergehalt haben und über ein ausgereiftes Aroma verfügen.
- Ernten bzw. kaufen Sie nur so viele Früchte, wie Sie an einem Tag verarbeiten können. Überschüsse werden zur Qualitätserhaltung am besten sofort eingefroren (für Konfitürenherstellung am besten ohne Zucker). Man kann die Früchte auch mit Zucker vermischen, zudecken, kühl lagern und für den nächsten Einkochtag vorbereiten.
- Tiefgefrorenes Obst kann genauso verarbeitet werden wie frisches. Dies ist auch eine

Duftgeranien verleihen dem Himbeergelee eine extravagante Note

„Geistige“ Himbeer-Marillen-Konfitüre zaubert den Sommer ins Glas

Möglichkeit, Konfitürenspezialitäten mit Früchten aus unterschiedlichen Jahreszeiten zu kreieren. Zusätzlich besteht auch die Möglichkeit, Konfitüren immer frisch zuzubereiten.

- Auch Trockenobst läßt sich verwenden. Das Obst muß vor der Verwendung eingeweicht und anschließend zerkleinert werden. Konfitüren aus Trockenobst sind von Produkten mit frischem Obst nicht zu unterscheiden.

Vorbereiten des Obstes

- *Beerenobst und Wildfrüchte:* Beeren sorgfältig verlesen und nur bei Verschmutzungen vorsichtig abbrausen bzw. mit einem Sieb ins Wasser tauchen. Erst anschließend entsträubeln bzw. entstielen, um Saftverlust zu vermeiden. Bei Hagebutten den Stielansatz mit einer Schere abschneiden, halbieren und entkernen.
- *Steinobst:* Waschen, evt. entstielen, entkernen (am einfachsten mit Entkerner). Es besteht auch die Möglichkeit, die Früchte (z.B. Marillen, Pfirsiche, Nektarinen etc.) zu schälen. Sie werden dazu an der Oberseite kreuzweise leicht eingeritzt, kurz in kochendes Wasser getaucht, kalt abgeschreckt und die Haut abgezogen. Anschließend je nach weiterer Verwendung kleinwürfelig oder in Streifen schneiden oder mit dem Mixer oder der „Flotten Lotte" passieren bzw. durch den Fleischwolf drehen.
- *Kernobst:* Waschen, evt. schälen und vom Kerngehäuse befreien. In Stücke schneiden, raspeln, mit dem Mixer pürieren oder evt. leicht vordämpfen und anschließend pürieren.

Vorarbeiten

- Sauberkeit und beste Qualität der Früchte sind oberstes Gebot.
- Die Zutaten müssen immer genau abgewogen werden. Das genaue Gewichtsverhältnis von Obst und Zucker bzw. anderen Süßungsmitteln ist entscheidend für das Gelingen und die Haltbarkeit.
- Tiefgefrorene Früchte immer vor dem Auftauen abwiegen.
- Bei Früchten, die mit Zucker eingefroren wurden, muß der bereits vorhandene Zuckergehalt bei der weiteren Beigabe eingerechnet werden.
- Nie mehr als 2 kg Obst bzw. Fruchtmasse und die vorgeschriebene Zuckermenge auf einmal verarbeiten. Kleine Massen gelieren schnell, und der Verlust an Farbe, Aroma, Geschmack und Vitaminen ist geringer.
- Bei Konfitüren, die mit größeren bzw. ganzen Fruchtstücken zubereitet werden, ist es günstig, den Zucker mit den vorbereiteten Früchten zu vermischen und diese über Nacht zugedeckt an einem kühlen Ort durchziehen zu lassen. Der Zucker löst sich dadurch gleichmäßig in der ganzen Fruchtmasse auf.
- Früchte, die sich leicht braun verfärben (Äpfel, Birnen, Marillen, Quitten, Pfirsiche etc.), sofort nach dem Schälen oder Zerkleinern mit Zitronensaft beträufeln.
- Für die Geleebereitung soll nur Saft vom Dampfentsaften oder gekochter Saft verwendet werden. Durch die Hitze werden die fruchteigenen Gelierstoffe besser erschlossen, und das Ge-

lee muß nicht so lange gekocht werden. Rohsaft ist nicht empfehlenswert, da die Pektine nicht so gut aufgeschlossen sind.
- Schönes glasklares Fruchtgelee erzielt man nur mit einwandfrei klarem Fruchtsaft. Bei der Verwendung von trüben Säften (durch zu starkes Ausdrücken) wird auch das Gelee trüb.
- Für die Geleezubereitung rechnet man: **1 Liter Saft (pektinreiche Früchte):1 Kilogramm Gelierzucker; 750 ml Saft (pektinarme Früchte):1 Kilogramm Gelierzucker**

Einkochen

- Die angegebene Kochzeit beginnt erst, wenn die Masse sprudelnd kocht. Kochzeiten immer genau einhalten, und während des Erhitzens bzw. Kochens ständig rühren, damit sich das Pektin und der Zucker auflösen und gleichmäßig verteilen.
- Bei Geliermitteln und Einkochhilfen sind die Kochanleitungen genauestens zu beachten.
- Produkte mit Gelierhilfen nie zu lange über die angegebene Kochzeit kochen, da dann die Gelierkraft verlorengeht.
- In sonnenarmen, regenreichen Sommern ist der Gehalt an Fruchtsäuren und -zucker geringer. Obst ist in solchen Sommern wasserreicher und oft stark mit Keimen behaftet. Deshalb zusätzlich Zitronensaft oder -säure und evt. Zucker zugeben und 1–2 Minuten länger kochen.
- Machen Sie immer eine *Gelierprobe!* Methode I: Einen Tropfen Konfitüre bzw. Gelee auf einen kalten Teller geben. Methode II: Einen Tropfen in ein Glas kaltes Wasser geben. Wenn der Tropfen erstarrt, ist die Konfitüre bzw. das Gelee fertig.
- Ist die Konfitüre nach der angegebenen Kochzeit noch zu dünn, läßt man sie noch einige Minuten weiterkochen und wiederholt die Gelierprobe.
- Schaum, der beim Kochen entsteht, sollte immer abgeschöpft werden, da dieser Trübstoffe und Verunreinigungen enthält, welche die Haltbarkeit beeinträchtigen können.

Einfüllen

- Beim Einfüllen die Gläser auf ein feuchtes Tuch (Temperaturausgleich) stellen, um ein Springen zu verhindern.
- Die kochendheiße Konfitüre bzw. das Gelee wird rasch in vorgewärmte (am besten im Backrohr) Gläser gefüllt. Spezielle Einfülltrichter verhindern ein Verschmutzen der Ränder.
- Einkochgläser immer randvoll füllen, damit möglichst wenig Luft im Glas verbleibt.
- Nach dem Befüllen der Gläser die Ränder – wenn notwendig – mit einem einwandfrei sauberen Tuch abwischen und sofort verschließen.
- Gläser mit Drehverschluß für ca. 15 Minuten auf den Kopf stellen. Dieser kleine Drehtrick bewirkt, daß sich die Früchte gleichmäßig verteilen. Der Deckel wird zusätzlich nochmals sterilisiert und der Inhalt luftdicht abgeschlossen.
- Der Deckel kann auch entkeimt werden, indem Sie einige Tropfen hochprozentigen Alkohol darauf geben, anzünden und dann sofort das Glas verschließen. Die Flamme verbraucht den Restsauerstoff im Glas, und der Inhalt ist somit luftdicht abgeschlossen.
- Gläser ohne passenden Deckel werden mit Einmach-Cellophan (Einmachhaut) verschlossen.

Die Folie wird in passende Größe geschnitten, mit Wasser oder hochprozentigem Alkohol (bessere Haltbarkeit) befeuchtet und über das gefüllte Glas gelegt. Anschließend wir sie mit einem Gummiring oder Faden am Rand befestigt. Beim Trocknen zieht sich die Folie glatt und schützt den Inhalt vor Staub und Schimmel.

- Bei der Verwendung von Einmach-Cellophan trocknet die Konfitüre oder das Gelee leicht aus. Um dies zu verhindern, kann man vor dem Verschließen den Inhalt mit einem Pergamentpapierblättchen abdecken. Das Papier in runde Blättchen mit dem Durchmesser des Glases schneiden. Die Blättchen werden durch Alkohol (z.B. Rum, Obstbrand) gezogen, auf den Inhalt gelegt und angedrückt.

Nacharbeiten

- Die befüllten Gläser in den ersten Tagen nicht unnötig bewegen, um das Gelieren nicht zu behindern.
- Ausgekühlte Produkte etikettieren, d.h. mit Herstelldatum und Inhaltsangabe versehen.

Lagerung

- Der Lagerraum sollte kühl, dunkel und trocken sein. Die ideale Temperatur liegt zwischen 4° C und 18° C. Am besten geeignet sind kühle Speisekammern oder Kellerräume.
- Kühlschränke sind wegen zu hoher Luftfeuchtigkeit nicht geeignet.
- Bei kalt gerührten Konfitüren, zuckerfreien bzw. -armen Konfitüren und Gelees ohne Konservierungsstoffe ist die geringe Haltbarkeit zu beachten.
- Vorräte regelmäßig kontrollieren.
- Angeschimmelte Konfitüren und Gelees dürfen nicht mehr verwendet werden.
- Eingetrocknete Konfitüre, die nicht älter als 1 Jahr ist, kann man mit etwas kochendem Wasser aufrühren. Anschließend rasch verbrauchen.

Damit's nach „mehr" schmeckt!

Mit raffinierten „Würzungen" können Sie das besondere Geschmackserlebnis ins Glas zaubern. Hierbei sind der eigenen Kreativität fast keine Grenzen gesetzt. Wichtig dabei ist, daß die geschmacksverfeinernden Zutaten immer auf das Grundprodukt abgestimmt werden bzw. damit harmonieren müssen.

Gewürze: Gerne werden Vanille, Zimt, Ingwer, Nelken oder auch Lebkuchengewürz verwendet.

Orangen- und Zitronenzesten: Diese in feine Streifen geschnittenen Schalen von unbehandelten Zitrusfrüchten werden oft zur Geschmacksverbesserung beigemischt.

Brände und Liköre: Sehr oft werden auch Konfitüren mit „Schuß" bzw. „Beschwipste Konfitüren" hergestellt. Diese geschmacksverfeinernden Zutaten haben auch noch zwei nützliche Nebeneffekte. Erstens wird durch den Alkoholgehalt die Haltbarkeit verbessert, und zweitens wird der Eigengeschmack unterstrichen. Dabei wählt man Spirituosen, die geschmacklich mit dem Grundprodukt harmonieren.

Beispiele

Quitten-Orangen-Gelee mit Orangenlikör (Cointreau)

Preiselbeer-Birnen-Konfitüre mit Preiselbeer- oder Williamsbrand

Karotten-Ribisel-Konfitüre mit Ribisellikör

Die Spirituosen dürfen erst nach Beendigung der Kochzeit eingerührt werden, da ansonsten das Aroma im wahrsten Sinne des Wortes „verduften" würde.

Backaromen: Diese konzentrierten Aromastoffe eignen sich auch sehr gut zum „Parfümieren" von Eingekochtem. Einige Tropfen Backaroma, z.B. Bittermandel, Zitrone, Orange oder Rum, verleihen Konfitüren eine besondere und lang anhaltende Geschmacksnote.

Kräuter und Blüten: Daß sich einige Kräuter und Blüten wunderbar zur Geschmacksverfeinerung von Konfitüren eignen, ist vielen eher unbekannt. Doch gerade solche Kreationen sind im Handel nicht erhältlich und vermitteln dem Genießer etwas Außergewöhnliches. Zitronenmelisse, Peffer-, Orangen- und Apfelminze, Waldmeister, Holunder-, Lavendel- oder Rosenblüten werden gerne als geschmacksverfeinernde Zutaten verwendet.

Beispiele

Marillenkonfitüre mit Zitronenmelisse

Apfelgelee mit Rosenblüten

Erdbeerkonfitüre mit Holunderblüten

REZEPTE FÜR GEKOCHTE KONFITÜREN UND GELEES

Bei den nachstehenden Rezepten ist als Gelierhilfe der Einfachheit halber immer Gelierzucker angegeben. Welche Geliermittel und Süßungsmittel Sie verwenden, sollten Sie nach eigenem Ermessen entscheiden. Die Rezeptvorschläge lassen sich ganz individuell nach Ihrem Geschmack abändern. Für die vielen köstlichen Mischkonfitüren ist es empfehlenswert, die verschiedenen saisonalen Früchte einzufrieren. Dadurch ist es möglich, neue und außergewöhnliche Geschmackskombinationen ins Marmeladeglas zu zaubern. Bei Konfitüren für Kinder lassen Sie den Alkohol einfach weg. Hinweise zur Anwendung der verschiedenen Gelierhilfen und Süßungsmittel finden Sie im fachlichen Teil.

Apfelgelee mit Rosenblüten

1000 ml Apfelsaft
1000 g Gelierzucker
2 Händevoll Rosenblüten
evt. etwas Rosenwasser (in der Apotheke erhältlich)

Rosenblüten im Apfelgelee –
eine betörende Verbindung

Heidelbeer-Orangen-Konfitüre –
eine elegante Kombination

Mit Erdbeeren und Rhabarber beginnt die Einkochsaison

Rosenblüten gründlichst waschen, abtropfen lassen und ein Drittel der Menge in feine Streifen schneiden. Apfelsaft mit Gelierzucker und den ganzen Rosenblättern in einen Topf geben, zum Kochen bringen und bis zur Gelierprobe kochen. Die geschnittenen Rosenblätter auf die vorbereiteten Gläser aufteilen und das heiße Gelee durch ein Sieb in die vorbereiteten Gläser füllen. Die Gläser sofort verschließen und ca. 20 Minuten auf den Kopf stellen, damit sich die Blätter gut verteilen.

Empfehlenswerte Variationen

- Apfelgelee mit Veilchen (dafür einige Veilchen in das Glas geben und mit heißem Gelee auffüllen – nicht mitkochen!)
- Apfelgelee mit Apfelminze (nicht mitkochen – nur gehackt in das Glas geben und auffüllen)
- Apfelgelee mit Holunderblüten (eine schöne Holunderblütendolde in das Glas geben und mit heißem Gelee auffüllen)
- Apfelgelee mit Basilikum (Basilikum im Ganzen als Zweig ins Glas geben oder gehackt bzw. in Streifen geschnitten)
- Apfelgelee mit Pfefferoni oder Chili (dafür einige Chili- oder Pfefferonischoten mitkochen und zur Dekoration ins Glas geben) – eine süß-feurige Beigabe zu Gegrilltem und kaltem Braten
- Apfelgelee mit ganzen Roten Ribiseln
- Apfelgelee mit kleinen Ananasstückchen
- Apfel-Holler-Gelee (1 Teil Apfelsaft : 1 Teil Holundersaft)
- Apfel-Himbeer-Gelee (2 Teile Apfelsaft : 1 Teil Himbeersaft)

Apfelkonfitüre mit Lavendelblüten

1200 g Äpfel (säuerliche)
Saft einer Zitrone
1000 g Gelierzucker
1 EL Lavendelblüten (frisch oder evt. getrocknet)
40 ml Apfelbrand

Lavendelblüten in Apfelbrand einweichen (3–4 Stunden), Äpfel schälen, vom Kerngehäuse befreien, in kleine Würfel schneiden oder grob reiben und mit Zitronensaft beträufeln. Die vorbereiteten Äpfel mit Gelierzucker in einen Topf füllen, zum Kochen bringen und bis zur Gelierprobe kochen. Vom Herd nehmen, die eingeweichten Lavendelblüten einrühren und die Masse kochendheiß in die vorbereiteten Gläser füllen. Die Gläser ca. 20 Minuten auf den Kopf stellen.

Tip: Äpfel sind ein ideales „Füllmaterial" für Konfitürenmischungen, bei denen die Ernte eher gering ausgefallen ist, und auch für Früchte mit geringem Pektingehalt.

Empfehlenswerte Mischungen

- Apfel-Birnen-Konfitüre (1 Teil Äpfel : 1 Teil Birnen)
- Apfel mit Wildfrüchten (z.B. 1 Teil Äpfel : 1 Teil Berberitzen)

Birnenkonfitüre mit Ingwer

1200 g Birnen
Saft von 2 Zitronen
1000 g Gelierzucker
1 kleine frische Ingwerwurzel
evt. etwas Birnenbrand

Birnen waschen, schälen, vom Kerngehäuse befreien und in kleine Würfel schneiden oder grob reiben. Sofort mit Zitronensaft übergießen sowie mit Gelierzucker und der Hälfte des geriebenen Ingwers in einem Topf zum Kochen bringen. Bis zur Gelierprobe kochen, vom Herd nehmen und den restlichen geriebenen Ingwer einrühren. Heiß in die vorbereiteten Gläser füllen und sofort verschließen.

Tip: Anstelle von Birnen können auch Äpfel verwendet werden.

Herbstliche Brombeer-Mischkonfitüre

400 g Brombeeren
300 g Zwetschken
300 g Äpfel
Saft von 1 Orange
1000 g Gelierzucker
etwas Zimtpulver
40 ml Brombeerlikör

Äpfel und Zwetschken waschen, entkernen bzw. vom Kerngehäuse befreien und in kleine Stücke schneiden. Brombeeren sorgfältig waschen und etwas zerdrücken. Die Früchte mit Gelierzucker und Orangensaft vermischen und am besten über Nacht durchziehen lassen. Am nächsten Tag die Fruchtmasse bis zur Gelierprobe kochen. Vom Herd nehmen und mit Zimtpulver sowie Brombeerlikör abschmecken. Heiß in die Gläser füllen und sofort verschließen.

Tip: Anstelle von Zwetschken können auch Holunderbeeren und statt Äpfeln Birnen verwendet werden.

Brombeergelee mit Wacholder

750 ml Brombeersaft
250 ml Birnensaft
1000 g Gelierzucker
1 TL zerstoßene Wacholderbeeren
20 ml Gin

Die Säfte mit Gelierzucker und Wacholderbeeren zum Kochen bringen und bis zur Gelierprobe kochen. Vom Herd ziehen und mit Gin verfeinern. Das Gelee heiß in Gläser füllen und verschließen.

Tip: Dieses Gelee ist eine herb-süße Variation, die gut mit Wildgerichten harmoniert.

Brombeer-Pfirsich-Konfitüre mit Mandelblättchen

500 g Brombeeren
500 g Pfirsiche
500 g Gelierzucker 1:2
1–2 EL geröstete Mandelblättchen
einige Tropfen Bittermandelaroma

Pfirsiche in Stücke schneiden (evt. schälen), Brombeeren mit einer Gabel leicht zerdrücken und mit dem Gelierzucker in einen breiten Topf füllen. Die Fruchtmasse bis zur Gelierprobe kochen und vom Herd nehmen. Die Mandelblättchen und das Bittermandelaroma einrühren. Sofort heiß in Gläser füllen und verschließen.

Tip: Diese feine Spezialität kann auch mit Nektarinen und Brombeeren hergestellt werden.

Erdbeerkonfitüre mit Holunderblüten

1000 g Erdbeeren
500 g Gelierzucker 1:2
Saft einer Zitrone
6 große Dolden Holunderblüten

Erdbeeren in kleine Stücke schneiden und mit Gelierzucker und Zitronensaft bis zur Gelierprobe kochen. Inzwischen die Holunderblüten von den Dolden zupfen und auf die vorbereiteten Gläser aufteilen. Nun mit kochendheißer Konfitüre auffüllen und verschließen. Die Gläser kurz auf den Kopf stellen, damit sich die Blüten gleichmäßig verteilen können.

Tip: Anstelle von Erdbeeren kann diese duftige Konfitüre auch mit Kirschen oder mit einer Mischung aus Erdbeeren und Rhabarber etc. hergestellt werden. Diese „Blümchenmarmelade“ kommt bei Kindern besonders gut an.

Erdbeer-Rhabarber-Konfitüre

750 g Erdbeeren
250 g Rhabarber
Saft einer Orange
1000 g Gelierzucker

Erdbeeren und Rhabarber in kleine Stücke schneiden und mit dem Gelierzucker über Nacht vermischt durchziehen lassen. Am nächsten Tag die Frucht-Zucker-Masse mit Orangensaft bis zur Gelierprobe kochen und heiß in die vorbereiteten Gläser füllen.

Empfehlenswerte Variationen
- Erdbeere-Himbeere (1 Teil Erdbeeren : 1 Teil Himbeeren)
- Erdbeere-Stachelbeere (2 Teile Erdbeeren : 1 Teil Stachelbeeren)
- Erdbeere-Orange (2 Teile Erdbeeren : 1 Teil Orangen)
- Erdbeere-Kiwi (2 Teile Erdbeeren : 1 Teil Kiwi)
- Erdbeere-Banane-Kiwi (2 Teile Erdbeeren : 1 Teil Bananen : 1 Teil Kiwi)
- Erdbeere-Kirsche (2 Teile Erdbeeren : 1 Teil Kirschen)

Hagebutten-Ananas-Konfitüre

750 g Hagebuttenmus, ungezuckert (Herstellung siehe Mus)
250 ml Ananassaft
evt. 100 g Ananasstückchen
1000 Gelierzucker

Hagebuttenmus mit Ananassaft (evt. auch Stückchen) und Gelierzucker zum Kochen bringen und bis zur Gelierprobe kochen. Heiß in Gläser füllen und sofort verschließen.

Empfehlenswerte Variationen
- Hagebutte-Apfel (1 Teil Hagebuttenmus : 1 Teil säuerliche Äpfel)
- Hagebutte-Marille-Banane (2 Teile Hagebutten : 1 Teil Marillen : 1 Teil Bananen)
- Hagebutte-Rotwein (3 Teile Hagebuttenmus : 1 Teil Rotwein)
- Hagebutte-Tomate (2 Teile Hagebuttenmus : 1 Teil Tomaten)
- Hagebutte-Holunder-Apfel (2 Teile Hagebuttenmus : 1 Teil Holunderbeeren : 1 Teil Äpfel)

Geistige Heidelbeer-Orangen-Konfitüre

750 g Heidelbeeren
250 ml frisch gepreßter Orangensaft
Schale einer unbehandelten Orange
1000 g Gelierzucker
40 ml Orangenlikör (z.B. Cointreau)

Heidelbeeren mit Orangensaft, in feine Streifen geschnittener Orangenschale und Gelierzucker bis zur Gelierprobe kochen. Vom Herd nehmen und mit Orangenlikör verfeinern. Heiß in Gläser füllen und sofort verschließen.

Tip: Diese edle Konfitüre schmeckt herrlich zu Brioches oder Butterkipferln.

Empfehlenswerte Variationen
- Heidelbeere-Pfirsich (1 Teil Heidelbeeren : 1 Teil Pfirsiche)
- Heidelbeere-Apfel mit Zimt (2 Teile Heidelbeeren : 1 Teil Äpfel, mit etwas Zimtpulver)
- Heidelbeere-Quitte (1 Teil Heidelbeeren : 1 Teil Quitten)

Himbeergelee mit Duftgeranien

750 ml Himbeersaft
250 ml Apfelsaft
Saft einer Orange
500 g Gelierzucker zuckersparend
4–6 Duftgeranienblätter (am besten Rosengeranien)
evt. 20 ml Himbeerbrand

Himbeer- und Apfelsaft mit Gelierzucker und Orangensaft bis zur Gelierprobe kochen. Die Duftgeranienblätter beigeben, nochmals kurz aufkochen lassen und evt. mit Himbeerbrand verfeinern.
Das Gelee in die vorbereiteten Gläser füllen und in jedes Glas ein Duftgeranienblatt zur weiteren Geschmacksbildung einlegen.

Tip: Eine fruchtig-frische Variante ist ein Himbeer-Zitronen-Gelee mit Zitronenmelisse. Dafür stellen Sie aus 750 ml Himbeersaft und dem Saft von 2–3 Zitronen ein Gelee her. Dieses wird abschließend mit 2 EL gehackter Zitronenmelisse verfeinert.

Empfehlenswerte Variationen
- Himbeere-Stachelbeere (1 Teil Himbeeren : 1 Teil Stachelbeeren)
- Himbeere-Ribisel (2 Teile Himbeeren : 1 Teil Ribiseln)

- Himbeere- Orange (3 Teile Himbeeren : 1 Teil Orangensaft, evt. 20 ml Orangenlikör)
- Himbeere-Weichsel (2 Teile Himbeeren : 1 Teil Weichseln)
- Himbeere-Marille mit Geist (2 Teile Himbeeren : 1 Teil Marillen + Himbeerbrand)

Holunder-Quitten-Konfitüre

600 g Holunderbeeren
400 g Quitten
Saft und Schale einer unbehandelten Zitrone
1000 g Gelierzucker
evt. 20 ml Holunderlikör oder -brand

Vorbereitete Quitten in kleine Stücke schneiden oder grob reiben und mit den Holunderbeeren, dem Zitronensaft und Gelierzucker über Nacht durchziehen lassen. Am nächsten Tag die Frucht-Zucker-Masse mit der feingehackten bzw. geriebenen Zitronenschale zum Kochen bringen und bis zur Gelierprobe kochen. Vom Herd nehmen, mit Likör oder Brand verfeinern und heiß in Gläser füllen.

Empfehlenswerte Variationen
- Holunder-Zwetschke-Apfel (1 Teil Holunderbeeren : 1 Teil Zwetschken : 1 Teil Äpfel)
- Brombeere-Holunder (3 Teile Brombeeren : 1 Teil Holunderbeeren + Orangensaft)

Kirsch-Punsch-Konfitüre

1000 g Kirschen (entsteint)
1000 g Gelierzucker
125 ml fruchtiger Rotwein
1 Stange Zimt
5 Gewürznelken
1 Vanilleschote
Saft und Schale einer ungespritzten Orange
60 ml Kirschbrand oder Maraschino

Rotwein mit Zimtstange, Nelken und aufgeschnittener Vanilleschote zum Kochen bringen und ca. 15 Minuten köcheln lassen. Den Punsch über Nacht zugedeckt ziehen lassen. Kirschen mit Gelierzucker vermischen und ebenfalls über Nacht durchziehen lassen. Am nächsten Tag die Kirsch-Zucker-Mischung mit dem abgeseihten Punsch, der feingeschnittenen Orangenschale und dem Orangensaft zum Kochen bringen und bis zur Gelierprobe kochen. Vom Herd nehmen und mit Kirschenbrand oder Maraschino verfeinern. Heiß in die vorbereiteten Gläser füllen und verschließen.

Tip: Diese geistige Konfitüre kann mit gerösteten Mandelsplittern oder grobgehackten Walnüssen verfeinert werden.

Empfehlenswerte Variationen

- Kirsche-Weichsel (2 Teile Kirschen : 1 Teil Weichseln)
- Kirsche-Rote Ribisel (1 Teil Kirschen : 1 Teil Ribiseln)
- Kirsche-Schwarze Ribsel-Rote Ribisel (1 Teil Kirschen : 1 Teil Rote Ribiseln : 1 Teil Schwarze Ribiseln, mit Rum und etwas Lebkuchengewürz verfeinern)
- Kirsche-Stachelbeere-Rote Ribisel (1 Teil Kirschen : 1 Teil Stachelbeeren : 1 Teil Rote Ribiseln)
- Kirsche-Jostabeere (1 Teil Kirschen : 1 Teil Jostabeeren)

Marillenkonfitüre mit Zitronenmelisse

1000 g Marillen (entkernt)
500 g Gelierzucker zuckersparend
Saft einer Zitrone
2–3 EL gehackte Zitronenmelisse

Marillen in kleine Würfel schneiden, mit dem Gelierzucker und Zitronensaft bis zur Gelierprobe kochen. Die frisch gehackte Zitronenmelisse auf die vorbereiteten Gläser aufteilen und diese mit der kochendheißen Konfitüre auffüllen. Die Gläser verschließen und ca. 15 Minuten auf den Kopf stellen.

Marillenkonfitüre mit Zitronenmelisse – eine fruchtig-frische Variante

Marillen-Sanddorn-Konfitüre mit Pfiff

800 g Marillen (entsteint)
200 g Sanddornbeeren (tiefgefroren)
1000 g Gelierzucker
Saft einer Zitrone oder Orange
40 ml Marillenbrand oder -likör

Marillen in kleine Stücke schneiden, mit den angetauten Sanddornbeeren und dem Gelierzucker vermischt über Nacht durchziehen lassen. Am nächsten Tag das Frucht-Zucker-Gemisch mit dem Orangen- oder Zitronensaft bis zur Gelierprobe kochen. Vom Herd nehmen und den Marillenlikör unterrühren. Die heiße Konfitüre in Gläser füllen und sofort verschließen.

Abschäumen der kochenden Marillenkonfitüre

Frische, feingehackte Zitronenmelisse in die Gläser verteilen

Konfitüre kochendheiß einfüllen und die Drehverschlußgläser kurz auf den „Kopf" stellen

Empfehlenswerte Variationen

- Marille-Apfel mit Minze (1 Teil Marillen : 1 Teil säuerliche Äpfel + 2 EL gehackte Minze)
- Marille-Weichsel (2 Teile Marillen : 1 Teil Weichseln)
- Marille-Pfirsich-Rhabarber (1 Teil Marillen : 1 Teil Pfirsiche : 1 Teil Rhabarber)

Mispel-Birnen-Gelee

ca. 1200 g Mispeln (noch nicht gefroren)
600 g Birnen
ca. 1500 ml Wasser
Saft von 3 Zitronen
entsprechende Menge Gelierzucker

Verwenden Sie dazu noch nicht gefrorene Mispeln (frühestens aber im Oktober), da diese einen höheren Pektingehalt haben und noch nicht so weich und „teigig“ sind. Die Mispeln mit einem Tuch abreiben, Stiele und Blütenansätze entfernen und durchschneiden. Birnen mit Kerngehäuse und Schale in Stücke schneiden, zusammen mit den vorbereiteten Mispeln in einen breiten Topf geben und mit Wasser bedeckt zum Kochen bringen. Das Ganze bei niedriger Temperatur ca. 45 Minuten köcheln lassen. Den Saft durch ein Safttuch laufen lassen (am besten über Nacht), nicht pressen, da sonst der Saft trüb wird. Nun den abgelaufenen Saft abmessen und mit der gleichen Menge Gelierzucker und Zitronensaft in einem breiten Topf zum Kochen bringen. Bis zur Gelierprobe kochen und heiß in die vorbereiteten Gläser füllen.

Tip: Nach dem gleichen „Strickmuster“ lassen sich Mispeln mit Quitten (auch Zierquitten), Äpfeln und Wildfrüchten, wie Sanddorn oder Vogelbeeren, mischen.

Feine Orangenmarmelade mit Whisky

1000 g Orangenfruchtfleisch (ohne Schale)
1 unbehandelte Orange zum Dekorieren
Schale von 1 unbehandelten Orange
1000 g Gelierzucker
40 ml Whisky oder evt. Portwein

Orangenfleisch in Würfel, unbehandelte Orangenschale in feine Streifen schneiden. Die ganze unbehandelte Orange wird mit der Schale in hauchdünne Scheiben geschnitten und evt. halbiert oder geviertelt. Orangenfruchtfleisch und -streifen mit Gelierzucker vermischen und in einem breitem Topf bis zur Gelierprobe kochen. Die vorbereiteten hauchdünn geschnittenen Orangenscheiben werden zum Schluß beigegeben und nochmals kurz aufgekocht. Vom Herd ziehen, mit Whisky oder Portwein verfeinern. Nun die heiße Konfitüre in Gläser füllen und dabei aufpassen, daß in jedem Glas einige Orangenscheiben dekorativ am Glasrand zu sehen sind. Es empfiehlt sich, die Orangenscheiben vor dem Abfüllen mit einer Gabel aus der Fruchtmasse zu entfernen und vor dem Einfüllen in die vorbereiteten Gläser zu geben.

Tip: Diese Konfitüre kann auch mit anderen Zitrusfrüchten, wie z.B. Blutorangen, Zitronen, Lemonen, Mandarinen etc., hergestellt werden. Wer keine ganzen Früchte mag, kann mit dem Saft von Zitrusfrüchten auch ganz einfach Gelees herstellen. Die echte englische Orangenmarmelade besteht aus Bitterorangen (Pomeranzen), die bei uns kaum erhältlich sind.

Pfirsichkonfitüre mit echter Vanille

1000 g Pfirsiche
Mark einer Vanilleschote
100 ml fruchtiger Weißwein
500 g Gelierzucker zuckersparend
evt. 20 ml Pfirsichbrand oder -likör

Pfirsiche an der Oberfläche kreuzweise einschneiden und in kochendem Wasser ganz kurz blanchieren. Vorsichtig kalt abschrecken, die Haut abziehen, entsteinen und anschließend in kleine Stücke schneiden. Diese mit Gelierzucker, Vanillemark und -schote sowie Weißwein in einem breiten Topf zum Kochen bringen. Bis zur Gelierprobe kochen, Vanilleschote entfernen und die Konfitüre heiß in die vorbereiteten Gläser füllen.

Empfehlenswerte Variationen
- Pfirsich-Rhabarber (3 Teile Pfirsiche : 1 Teil Rhabarber)
- Pfirsich-Marille (1 Teil Pfirsiche : 1 Teil Marillen)
- Pfirsich-Brombeere (2 Teile Pfirsiche : 1 Teil Brombeeren)
- Pfirsich-Heidelbeere (1 Teil Pfirsiche : 1 Teil Heidelbeeren)

Pflaumengelee mit Zimt und Sternanis

750 ml Pflaumensaft
250 ml Apfelsaft
Saft einer Zitrone
1000 g Gelierzucker
4 kleine dünne Zimtstangen
3–4 Stück Sternanis

Pflaumen- und Apfelsaft mit Gelierzucker, Zitronensaft sowie Gewürzen zum Kochen bringen und bis zur Gelierprobe kochen. Heiß in die vorbereiteten Gläser füllen, und die Gewürze dekorativ gleichmäßig auf die Gläser aufteilen.

Tip: Apfelsaft kann auch durch vollmundigen Rotwein ersetzt werden.

Empfehlenswerte Variationen

- Pflaume-Kornelkirsche (1 Teil Pflaumen : 1 Teil Kornelkirschen)
- Pflaume-Brombeere-Apfel (1 Teil Pflaumen : 1 Teil Brombeeren : 1 Teil Äpfel)
- Pflaume-Nektarine (1 Teil Pflaumen : 1 Teil Nektarinen)

Preiselbeer-Birnen-Konfitüre

600 g Preiselbeeren oder Moosbeeren
400 g Birnen
Saft einer Zitrone
500 g Gelierzucker zuckersparend
evt. 20 ml Williamsbrand

Birnen schälen, vom Kerngehäuse befreien und mit Zitronensaft beträufeln. Die vorbereiteten Birnen mit den Preiselbeeren, dem Gelierzucker vermischen und über Nacht durchziehen lassen. Am nächsten Tag die Frucht-Zucker-Masse bis zur Gelierprobe kochen. Vom Herd nehmen, evt. mit Birnenbrand verfeinern und heiß in die vorbereiteten Gläser füllen.

Empfehlenswerte Variationen

- Preiselbeere-Apfel und Rotwein (3 Teile Preiselbeeren : 2 Teile Äpfel : 1 Teil Rotwein, mit Zimt und Nelken verfeinern)
- Preiselbeere-Brombeere-Pflaume (1 Teil Preiselbeeren : 1 Teil Brombeeren : 1 Teil Pflaumen oder Zwetschken)

Quitten-Schlehen-Gelee

750 ml Quittensaft
250 ml Schlehensaft
Saft einer Zitrone
1000 g Gelierzucker
20 ml Quitten- oder evt. Schlehenlikör

Quitten-, Schlehen- und Zitronensaft zum Kochen bringen. Bis zur Gelierprobe kochen, heiß in die vorbereiteten Gläser füllen und sofort verschließen.

Tip: Besonders fein wird der Geschmack, wenn Sie anstelle von Gelierzucker Braunzucker verwenden und Zimt, Nelken sowie Neugewürz als Würze beigeben. Quittengelee schmeckt aber auch ohne die Beigabe von anderen Früchten und Gewürzen sehr aromatisch.

Empfehlenswerte Variationen
- Quitte-Orange (3 Teile Quittensaft : 1 Teil Orangensaft, Orangenschalenstreifen)
- Quitte-Apfel oder Birne (2 Teile Quitten : 1 Teil Äpfel oder Birnen)

Rote Ribisel-Karotten-Konfitüre

600 g Rote Ribiseln
400 g junge Karotten
1000 g Gelierzucker
Saft und Schale einer unbehandelten Zitrone

Die geputzten Karotten fein reiben, mit ganz wenig Wasser (damit der Boden bedeckt ist) und Zitronensaft weich dünsten. Sollte die Karottenmasse zu grob sein, kann man diese mit dem Mixstab pürieren. Nun die vorbereitete Karottenmasse mit Ribiseln, geriebener Zitronenschale sowie dem Gelierzucker zum Kochen bringen und bis zur Gelierprobe kochen. Die Konfitüre heiß in die vorbereiteten Gläser füllen und sofort verschließen.

Tip: Diese außergewöhnliche Kombination mit Karotten kann man auch noch mit Brombeeren und Orangen- oder Zitronensaft herstellen. Das obige Rezept schmeckt auch wunderbar als Gelee, dafür verwenden Sie 750 ml Ribiselsaft und 250 ml frisch gepreßten Karottensaft. Anstelle von Roten Ribiseln können auch Weiße Ribiseln verwendet werden (diese verfärben sich durch Kochen ebenfalls rot).

Empfehlenswerte Variationen
- Rote Ribisel-Himbeere-Erdbeere (1 Teil Ribiseln : 1 Teil Himbeeren : 1 Teil Erdbeeren)
- Rote Ribisel-Holunder (2 Teile Ribiseln : 1 Teil Holunderbeeren)
- Ribisel-Kirsche (1 Teil Ribiseln : 1 Teil Kirschen)
- Ribisel-Ringlotte (1 Teil Ribiseln : 1 Teil Ringlotten)

Schwarze Ribisel-Weichsel-Gelee mit Honig

600 ml Schwarzer Ribiselsaft
400 ml Weichselsaft
Saft einer Orange
1000 g Gelierzucker
2 EL Blütenhonig

Ribisel-, Weichsel- und Orangensaft mit Gelierzucker zum Kochen bringen und bis zur Gelierprobe kochen. Vom Herd nehmen, den Blütenhonig beigeben und unter ständigem Rühren nochmals kurz aufkochen lassen. Das heiße Gelee in die vorbereiteten Gläser füllen und sofort verschließen.

Empfehlenswerte Variationen
- Schwarze Ribisel-Apfel (1 Teil Ribiseln : 1 Teil Äpfel)
- Schwarze Ribisel-Kirsche (1 Teil Ribiseln : 1 Teil Kirschen)
- Schwarze Ribisel-Quitte (1 Teil Ribiseln : 1 Teil Quitten, mit Nelken, Zimt und Orangensaft)

Stachelbeer-Trauben-Konfitüre

750 g Stachelbeeren
250 g süße Trauben (kernlose)
100 ml fruchtiger Weißwein
1000 g Gelierzucker

Stachelbeeren vom Stiel und den Blütenansätzen befreien (evt. entkernen). Die halbierten Früchte mit Zucker über Nacht durchziehen lassen. Am nächsten Tag das Frucht-Zucker-Gemisch mit Weißwein zum Kochen bringen und bis zur Gelierprobe kochen. Heiß in Gläser füllen und sofort verschließen.

Empfehlenswerte Variationen
- Stachelbeere-Erdbeere (2 Teile Stachelbeeren : 1 Teil Erdbeeren)
- Stachelbeergelee mit Holunderblüten (1000 ml Stachelbeersaft : 4 Dolden Holunderblüten)
- Stachelbeere-Kiwi (2 Teile Stachelbeeren : 1 Teil Kiwi)
- Stachelbeere-Banane (3 Teile Stachelbeeren : 1 Teil Bananen)
- Stachelbeere-Ribisel-Kirsche (1 Teil Stachelbeeren : 1 Teil Ribiseln : 1 Teil Kirschen)

Sanddorn-Kornelkirschen-Konfitüre

600 g Sanddorn
400 g Kornelkirschen (entkernt)
Saft einer Orange
1000 g Gelierzucker

Sanddorn in einen Topf geben, knapp mit Wasser bedeckt weich kochen und anschließend durch ein Sieb passieren. Sanddornmus mit entkernten Kornelkirschen, Gelierzucker und Orangensaft zum Kochen bringen und bis zur Gelierprobe kochen. Heiß in die vorbereiteten Gläser füllen und sofort verschließen.

Empfehlenswerte Variationen
- Sandorn-Weichsel (1 Teil Sanddornmus : 1 Teil Weichseln)
- Sanddorn-Brombeere-Marille (1 Teil Sanddorn : 1 Teil Brombeeren : 1 Teil Marillen)
- Sanddorn-Weißdorn-Apfel oder Zwetschke (1 Teil Sanddorn : 1 Teil Weißdorn : 1 Teil Äpfel oder Zwetschken)

Weichselkonfitüre mit gerösteten Walnüssen

1000 g Weichseln (entkernt)
Saft einer Orange
1000 g Gelierzucker
2–3 EL grobgehackte Walnüsse

Die grobgehackten Walnüsse in einer beschichteten Pfanne unter ständigem Rühren kurz trocken rösten, damit der Geschmack intensiviert wird. Die Hälfte der entkernten Weichseln pürieren (Mixer). Nun die pürierten Weichseln zusammen mit den Weichselhälften mit Gelierzucker und Orangensaft vermischen. In einem breiten Topf zum Kochen bringen und bis zur Gelierprobe kochen. Kurz vor Ende der Kochzeit die gerösteten Walnüsse unterrühren und nochmals kurz aufkochen lassen. Heiß in Gläser füllen und sofort verschließen.

Empfehlenswerte Variationen
- Weichsel-Pfirsich oder Marille (1 Teil Weichseln : 1 Teil Pfirsiche oder Marillen)
- Weichsel-Zwetschke (1 Teil Weichseln : 1 Teil Zwetschken, mit Kirschrum verfeinern)
- Weichsel-Grapefruit (4 Teile Weichselsaft : 1 Teil Grapefruitfleisch)

Zwetschkenkonfitüre mit Rumrosinen

1000 g Zwetschken (entkernt)
100 g Rosinen
60 ml Rum
1000 g Gelierzucker
1/2 TL Zimtpulver

Rosinen über Nacht in Rum einweichen. Die Zwetschken in kleine Stücke schneiden, mit Gelierzucker vermischen und ebenfalls über Nacht durchziehen lassen. Am nächsten Tag die Zwetschken-Zucker-Mischung zum Kochen bringen und bis zur Gelierprobe kochen, evt. mit dem Mixstab etwas pürieren. Die Rumrosinen beigeben und nochmals kurz aufkochen lassen. Nun vom Herd ziehen und mit Zimt verfeinern. Die heiße Konfitüre in Gläser füllen und diese sofort verschließen.

Empfehlenswerte Variationen
- Zwetschke-Apfel oder Quitte (1 Teil Zwetschken : 1 Teil Äpfel oder Quitten)
- Zwetschke-Birne-Preiselbeere (2 Teile Zwetschken : 2 Teile Birnen : 1 Teil Preiselbeeren)
- Zwetschke-Apfel-Vogelbeere (1 Teil Zwetschken : 1 Teil Äpfel : 1 Teil Vogelbeeren)

Vogelbeer-Apfel-Gewürzgelee

700 ml Vogelbeersaft
300 ml Apfelsaft
1000 g Gelierzucker
Saft und Schale von 2 Zitronen
6–8 Gewürznelken
2 Zimtstangen
4 Neugewürzkörner

Vogelbeer- und Apfelsaft mit den übrigen Zutaten zum Kochen bringen und bis zur Gelierprobe kochen. Nun das Gelee mit oder ohne Gewürzen in die vorbereiteten Gläser füllen und sofort verschließen. Wenn Sie das Gelee mit den Gewürzen einfüllen, diese gleichmäßig auf die vorhandenen Gläser verteilen.

Tip: Vogelbeeren, die vor dem ersten Frost geerntet werden, friert man am besten über Nacht ein, damit sie den herben, leicht bitteren Geschmack verlieren.

Empfehlenswerte Variationen
- Vogelbeere-Birne (2 Teile Vogelbeeren : 1 Teil Birnen)
- Vogelbeere-Quitte (1 Teil Vogelbeeren : 1 Teil Quitten)

REZEPTE FÜR DIABETIKERKONFITÜREN

Nachfolgend finden Sie einige Rezepte für Diabetikerkonfitüren. Genaue Hinweise zur Herstellung von diabetikergerechten Konfitüren und Gelees finden Sie im fachlichen Teil. Alle anderen Rezepte können bei Verwendung der geeigneten Gelierhilfen und Süßungsmittel diabetikergerecht abgewandelt werden.

Erdbeer-Ananas-Konfitüre

600 g Erdbeeren
400 g frisches Ananasfruchtfleisch

Orangenmarmelade mit Whisky – ein herb-süßer Genuß

Ribisel-Karotten-Konfitüre – lassen Sie sich überraschen!

600–700 g Fruchtzucker
1 Pkg. Gelierpulver zuckersparend

Erdbeeren und Ananas in kleine Stücke schneiden und evt. mit einer Gabel leicht zerdrücken. Die Fruchtmasse in einen Topf geben, mit Gelierpulver vermischen und unter ständigem Rühren zum Kochen bringen. Fruchtzucker unterrühren, neuerlich aufkochen und ca. 2–4 Minuten (je nach Herstellerangabe) sprudelnd kochen lassen. Die heiße Konfitüre in die vorbereiteten Gläser füllen und sorgfältig verschließen.

Marillenkonfitüre

1000 g Marillen
500 g Fruchtzucker oder Diabetikersüße
Saft einer Zitrone
2 TL Agar-Agar

Marillen entsteinen (evt. häuten), in kleine Stücke schneiden und mit einer Gabel zerdrücken oder mit dem Mixstab leicht pürieren; anschließend mit Fruchtzucker vermischen und in einem Topf zum Kochen bringen. Die Masse 5–8 Minuten sprudelnd kochen lassen. Agar-Agar mit Zitronensaft und 2 EL Wasser anrühren und in die sprudelnde Masse geben. Nochmals aufkochen lassen und in die vorbereiteten Gläser füllen. Die Gläser verschließen und in den ersten Tagen nicht bewegen, da Agar-Agar längere Zeit zum Gelieren braucht.

Orangengelee

750 ml frisch gepreßter Orangensaft
500–600 g Fruchtzucker
Schale einer unbehandelten Orange
125 ml selbstgemachtes Apfelpektin
evt. 20 ml Orangenlikör

Orangensaft und in feine Streifen geschnittene Orangenschale mit Fruchtzucker zum Kochen bringen und ca. 5 Minuten sprudelnd kochen lassen. Nun das Apfelpektin beigeben und bis zur Gelierprobe (2–5 Minuten) kochen. Den Topf vom Herd nehmen und mit Orangenlikör verfeinern. Das Gelee in vorbereitete Gläser füllen und sofort verschließen.

Tip: Anstelle von selbstgemachtem Apfelpektin können Sie auch die entsprechende Menge Flüssigpektin (im Handel erhältlich) verwenden.

REZEPTE FÜR KALT GERÜHRTE KONFITÜREN

Allgemeine Hinweise und Tips für die Zubereitung von Konfitüren aus der kalten Küche finden Sie im fachlichen Teil. Diese „Rohkonfitüren“ sind eine Delikatesse, die Ihre Mühe mit dem vollen natürlichen Fruchtgeschmack belohnen.

Kalt gerührte Erdbeerkonfitüre mit Schokolade

500 g Erdbeeren
500 g Gelierzucker
Saft einer Orange
2 EL grobgehackte Zartbitterschokolade
20 ml Orangenlikör

Die vorbereiteten Erdbeeren mit einer Gabel leicht zerdrücken und mit Gelierzucker vermischt über Nacht zugedeckt durchziehen lassen. Am nächsten Tag den Orangensaft beigeben und mit dem Handmixer oder der Küchenmaschine so lange rühren (15–20 Minuten), bis eine dickbreiige Masse entsteht. Zuletzt die vorbereitete Schokolade unterrühren. Die fertige Konfitüre in mit Orangenlikör ausgespülte Gläser füllen. Evt. mit etwas Orangenlikör abschließen und mit einem sauberen Tuch bedeckt ca. 2 Stunden stehen lassen. Nun die Gläser verschließen und an einem sehr kühlen Ort aufbewahren.

Tip: Zartbitterschokolade kann natürlich auch durch Vollmilchschokolade oder weiße Schokolade ersetzt werden. Dieses Rezept schmeckt auch köstlich mit Himbeeren oder Heidelbeeren.

Kalt gerührte Himbeerkonfitüre mit Vanille

500 g Himbeeren
500 g Zucker
Saft einer Zitrone
Mark einer halben Vanilleschote
1/2 TL Agar-Agar
evt. etwas Himbeerbrand

Die verlesenen Himbeeren mit einer Gabel etwas zerdrücken und mit Zucker vermischt über Nacht ziehen lassen. Am nächsten Tag das ausgeschabte Vanillemark beigeben und mit dem Mixer rühren (15–20 Minuten), bis eine dickliche Masse entstanden ist. Agar-Agar in Zitronensaft anrühren. Nun eine Tasse heißes Wasser aufkochen, das in Zitronensaft aufgelöste Agar-Agar hinzufügen und in die Fruchtmasse einrühren. Die fertige Konfitüre in Gläser (vorher evt. mit

Himbeerbrand ausspülen) füllen. Diese mit einem sauberen Tuch abdecken und erst nach ca. 2 Stunden verschließen.

Tip: Wer keine Kerne in der Konfitüre mag, sollte die Früchte vorher durch ein Sieb passieren. Anstelle von Himbeeren können auch Walderdbeeren, Gartenerdbeeren, Brombeeren oder Heidelbeeren verwendet werden.

Kalt gerührte Marillenkonfitüre mit Pistazien

500 g vollreife Marillen (entsteint)
500 g Gelierzucker
Saft einer Zitrone
1 EL grobgehackte Pistazien
20 ml Marillenbrand

Die entsteinten Marillen in kleine Stücke schneiden. Sofort mit Zitronensaft übergießen und mit Gelierzucker vermischen, damit sie sich nicht braun verfärben. Über Nacht zugedeckt an einem kühlen Ort durchziehen lassen. Am nächsten Tag mit dem Mixer oder der Küchenmaschine 15–20 Minuten rühren, bis die Masse dicklich bzw. musig ist. Vor dem Abfüllen die vorbereiteten Pistazien unterrühren. Gläser mit Marillenbrand ausspülen, die fertige Konfitüre einfüllen und mit einem sauberen Tuch bedecken. Nach 2–3 Stunden die Oberfläche mit dem restlichen Marillenbrand beträufeln und die Gläser verschließen.

Tip: Dieses Rezept schmeckt auch köstlich, wenn Sie Pfirsiche, Nektarinen, Kirschen oder Weichseln verwenden. Sollte Ihnen die Konfitüre zu flüssig sein, können Sie mit etwas Agar-Agar Abhilfe schaffen.

Kalt gerührte Zwetschkenkonfitüre mit Zimt

500 g Zwetschken (entsteint)
350 g Honig (Bütenhonig)
Saft einer Zitrone
1/2 TL Agar-Agar
1 Msp. Zimt
evt. 1 Prise Nelkenpulver
20 ml Rum

Zwetschken in kleine Stücke schneiden und mit Honig vermischt einige Stunden durchziehen lassen. Anschließend die Fruchtmasse mit Zimtpulver und evt. Nelkenpulver mit dem Mixer ca. 15 Minuten rühren, bis die Masse dickbreiig ist. Agar-Agar in Zitronensaft anrühren, eine Tasse Wasser aufkochen und das aufgelöste Agar-Agar beigeben. Das in Wasser aufgelöste Agar-Agar unter die Fruchtmasse rühren. Die fertige Konfitüre in mit Rum ausgespülte Gläser füllen. Mit einem Tuch abdecken und erst nach 2–3 Stunden verschließen. Gläser in den ersten Tagen nicht unnötig bewegen, da Agar-Agar sehr langsam geliert.

Tip: Nach demselben Rezept können Sie Pflaumenkonfitüre herstellen. Eine besondere Note erhält diese, wenn sie mit etwas Whisky verfeinert wird.

Kalt gerührte Bananen-Erdbeer-Konfitüre

300 g weiche Bananen
200 g Erdbeeren
400 g Gelierzucker
Saft einer halben Zitrone
evt. etwas Erdbeerbrand

Erdbeeren in kleine Stücke schneiden und mit Zucker vermischt über Nacht durchziehen lassen. Am nächsten Tag die kleingeschnittenen Bananen und den Zitronensaft beigeben. Mit dem Mixer so lange (15–20 Minuten) rühren, bis die Masse dickbreiig ist, je nach Wunsch kann mit etwas Erdbeerbrand abgeschmeckt werden. Die fertige Konfitüre in kleine Gläser füllen, diese mit einem sauberen Tuch abdecken und nach 2–3 Stunden verschließen.

Tip: Wer es gerne etwas exotisch liebt, kann die Konfitüre mit etwas Kokosette verfeinern.

Kalt gerührte Preiselbeerkonfitüre

500 g Preiselbeeren (evt. auch Moosbeeren)
300 g Akazienhonig
Saft einer Zitrone
1 Msp. Zimt
eine Prise Nelkenpulver
20 ml Rum

Die verlesenen Preiselbeeren mit Honig und Zitronensaft vermischen und einige Stunden durchziehen lassen. Anschließend die Gewürze und den Rum beigeben und mit dem Mixer so lange rühren (15–20 Minuten), bis eine homogene Masse entsteht. Die fertige Konfitüre in mit Rum ausgespülte Gläser füllen. Diese mit einem Tuch abdecken und erst nach 2–3 Stunden verschließen.

Tip: Nach demselben Rezept können Sie mit Hagebuttenmus eine kalt gerührte Konfitüre herstellen.

OBSTMUS

Unter Fruchtmus versteht man eine dickbreiige Obstmasse, die durch langes Einkochen ohne Zucker oder mit ganz wenig Zucker hergestellt wird. Das wohl bekannteste Mus ist der sogenannte Powidl, auch Zwetschken- oder Pflaumenmus genannt. In Österreich ist Powidl die klassische Füllung für Germknödel oder Powidltascherln. Die Herstellung von Obstmus ist besonders empfehlenswert, wenn große Mengen an Früchten anfallen.

Empfehlungen für die Praxis

- Für die Herstellung von Obstmus gilt im allgemeinen als Regel: Möglichst reifes, fruchtzuckerreiches Obst, vor allem Spätsorten, mit ausgeprägtem Aroma verwenden.
- Zur Bereitung von Obstmus sind grundsätzlich alle Obstarten geeignet. Empfehlenswert ist die Musherstellung vor allem für Zwetschken, Pflaumen, Birnen, Äpfel und Quitten.
- Das Obst wird in Stücke geschnitten oder püriert (Mixer, „Flotte Lotte") bzw. faschiert. Harte Früchte (Quitten, Hagebutten etc.) werden mit ganz wenig Wasser weich gekocht und anschließend püriert.
- Die vorbereiteten Früchte werden bei schwacher Hitze unter ständigem Rühren so lange gekocht, bis das Mus in dicken Klumpen vom Kochlöffel fällt. Bei der Musprobe muß man mit dem Löffel Straßen ziehen können, die nicht mehr zusammenlaufen.
- Ständiges Rühren mit einem langstieligen, breiten Kochlöffel ist notwendig, damit ein Anbrennen verhindert wird. Beim Rühren aufpassen, denn die Fruchtmasse spritzt stark.
- Wenn Zucker beigegeben wird, diesen erst gegen Ende der Kochzeit unterrühren, da das Mus (besonders Apfel- oder Birnenmus) durch das lange Kochen sonst leicht braun wird.
- Je nach Süße der Früchte rechnet man auf 5 Kilogramm Fruchtmasse 500–1500 g Zucker.
- Zur Geschmacksverbesserung werden, je nach Rezept, gerne Zimt, Nelken, Ingwer, Kardamom, Zitronen- oder Orangenschalen, Rum oder Obstbrand beigegeben.
- Das Mus noch heiß in vorgewärmte Gläser füllen und sofort verschließen.
- Zur besseren Haltbarkeit wird Mus (Ausnahme Powidl) meist sterilisiert. Die Sterilisationsdauer beträgt ca. 20 Minuten bei 80° C. Mus eignet sich auch sehr gut zum Einfrieren und muß dabei nicht sterilisiert werden.
- Die Haltbarkeit (mind. 1 Jahr) von Obstmus wird durch den relativ hohen natürlichen Fruchtzuckergehalt und durch das Verdampfen des Wassers erreicht.

REZEPTE

POWIDL (PFLAUMEN- ODER ZWETSCHKENMUS)

5000 g sehr reife Pflaumen oder Zwetschken
1 Zimtstange

Die Früchte waschen, entkernen und in einem Topf mit ganz wenig Wasser weich dämpfen. Anschließend passieren bzw. pürieren. Das Fruchtmark mit der Zimtstange unter ständigem Rühren mit einem breiten Kochlöffel in einem weiten Einkochtopf so lange kochen, bis die Musprobe gelingt. Der typische Powidl ist am Ende der Kochzeit dunkelbraun bis fast schwarz gefärbt. Fertigen Powidl in vorbereitete Gläser füllen und verschließen. Bei der Aufbewahrung in einem Steinguttopf wird der heiß eingefüllte Powidl noch in das warme Rohr gestellt, bis sich ein Häutchen bildet. Evt. mit einem mit Rum befeuchteten Pergamentpapier die Oberfläche abdecken. Anschließend luftdicht (z.B. mit Cellophan) verschließen.

Tip: Nach Wunsch kann man mit etwas Lebkuchengewürz und Rum abschmecken. Powidl kann auch im Backrohr zubereitet werden. Genaue Angaben finden Sie im nachfolgenden Rezept.

OMAS PFLAUMEN- ODER ZWETSCHKENMUS

5000 g spätreife Pflaumen oder Zwetschken
500 ml Wasser oder Rotwein (evt. 1:1)
2–3 Zimtstangen
1–2 Stück Sternanis
2 EL gemahlene Gewürze (Zimt, Nelken, Ingwer, Muskat, evt. Koriander)

Früchte waschen, entkernen und in Stücke schneiden. Mit Wasser oder Rotwein und den ganzen Gewürzen in einem breiten Topf bzw. einer Pfanne zum Kochen bringen. Zudecken und bei schwacher Hitze kochen lassen, bis die Masse zu Mus zerfällt. Pfanne ohne Deckel in das vorgeheizte Rohr (200° C) stellen. Die Temperatur auf 50–60° C reduzieren, und das Mus langsam einkochen lassen. Zwischendurch immer wieder rühren. Das Mus ist je nach Wassergehalt der Früchte nach 3–4 Stunden fertig. Die gemahlenen Gewürze unterrühren, das Mus in vorbereitete Gläser oder Steinguttöpfe füllen und verschließen.

Tip: Kurz vor Ende der Garzeit können Sie noch ca. 200 g grobgehackte Walnüsse unterrühren.

Apfel- oder Birnenmus

5000 g Äpfel oder Birnen
ca. 1000 ml Wasser
Saft von 1–2 Zitronen
2 Zimtstangen
evt. einige Gewürznelken
evt. etwas gemahlenes Neugewürz
evt. frisch geriebener Ingwer
500 g Zucker (evt. Vollzucker)

Äpfel bzw. Birnen schälen, vom Kerngehäuse befreien, in Spalten schneiden und mit Zitronensaft übergießen. Obst mit Wasser und Gewürzen zum Kochen bringen, Temperatur zurückschalten und das Ganze weich kochen. Zimtstangen und Nelken entfernen. Fruchtmasse durch ein Sieb streichen bzw. pürieren. Das Obstpüree zusammen mit dem Zucker wieder in den Topf geben und bei schwacher Hitze unter ständigem Rühren köcheln lassen, bis die Mischung eine musartige Konsistenz aufweist. Das Mus in Gläser füllen und bei 80° C ca. 20 Minuten sterilisieren.

Tip: Nach demselben Grundrezept kann auch Quittenmus hergestellt werden. Anstelle von Wasser können Sie auch Apfelsaft oder -wein verwenden.

Hagebuttenmus

1000 g Hagebutten
750–1000 ml Wasser
300 g Zucker
Saft einer Zitrone
1 Zimtstange
evt. etwas geriebene Orangenschale

Hagebutten entstielen, Blütenansätze entfernen (am besten mit einer Schere), halbieren und entkernen. Mit Wasser weich kochen und anschließend passieren bzw. pürieren. Mit den übrigen Zutaten einkochen, in kleine Gläser füllen und verschließen.

Tip: Empfindliche Personen sollten beim Entkernen von Hagebutten Handschuhe tragen, da allergische Reaktionen beim Kontakt mit den Kernen auftreten können. Hagebuttenmus dient zum Verfeinern von Saucen für Wild und Wildgeflügel oder als Beigabe für feine Pasteten.

Zerkleinerte Apfelstücke mit wenig Wasser und Gewürzen zu Mus kochen

Selbstgemachtes Apfelmus sollte in keiner Vorratskammer fehlen

OBSTKÄSE BZW. -PASTEN

Dieses fruchtige selbstgemachte Konfekt ist eine besondere Spezialität für verwöhnte „Schleckermäuler". In Schokolade getaucht oder in Zucker gewälzt, eignet es sich nicht nur zum Naschen, sondern auch ausgezeichnet zum Garnieren von Torten, Kuchen und Desserts. Das Kochen von Obstkäse hat lange Tradition und beruht auf der Grundlage der Konfitürenbereitung. Zwar erfordert es durch den langen Einkochzeitraum viel Geduld und Zeit, aber dafür hat man eine hausgemachte Köstlichkeit, die es nicht zu kaufen gibt.

Empfehlungen für die Praxis

- Als Grundlage dient Fruchtpüree. Dazu werden die gewaschenen, wenn nötig geschälten Früchte in wenig Wasser weich gekocht und anschließend püriert (Mixer, Mixstab, „Flotte Lotte").
- Zur Pastenbereitung eignen sich fast alle Früchte.
- Das vorbereitete Fruchtpüree aus rohen (nur bei Beeren) bzw. aus gekochten Früchten (Quitten, Äpfel, Zwetschken etc.) wird mit der gleichen Menge Zucker (evt. auch Gelierzucker) gekocht, bis die Masse in schweren Flocken vom Kochlöffel fällt bzw. Straßen zieht (siehe Musprobe beim Kapitel Obstmus).
- Sollte die Fruchtmasse sehr weich sein, so kann man mit etwas Gelatine nachhelfen. Die in kaltem Wasser eingeweichten Gelatineblätter werden am Ende der Kochzeit einfach in der warmen Fruchtmasse aufgelöst.
- Je nach Rezept bzw. persönlichen Vorlieben kann die Fruchtmasse mit Gewürzen (Zimt, Ingwer, Nelken, Lebkuchengewürz, Vanille etc.) oder Aromastoffen (Bittermandelaroma, Rum etc.) verfeinert werden.
- Gerne werden grobgehackte Nüsse, z.B. Walnüsse, Mandelsplitter, Pistazien oder Aranzini beigegeben. Diese werden jedoch erst kurz vor Ende der Kochzeit untergerührt.
- Wenn die Musprobe gelungen ist, den Topf vom Herd ziehen und etwas überkühlen lassen.
- Nun ein Backblech oder eine flache Platte (Edelstahl, Nirosta, Porzelllan) mit geschmacksneutralem Öl einpinseln. Für besonders edles Konfekt können Sie zum Einpinseln der Platte Mandelöl verwenden. Anstelle von Öl kann auch Backpapier verwendet werden.
- Die Fruchtmasse auf das vorbereitet Blech gießen (0,5–2 cm hoch) und glattstreichen.
- Das gefüllte Blech mit einem sauberen Tuch abdecken und die Paste an einem warmen Ort (mehrere Tage) trocknen lassen. Sie kann auch im offenen Backrohr (Kochlöffel einklemmen) bei niedrigen Temperaturen (ca. 100° C) getrocknet werden. Die Paste muß jedoch noch elastisch sein.
- Wenn die Paste getrocknet ist, diese vom Blech auf ein mit Backpapier belegtes Brett stürzen und in Würfeln oder Rauten schneiden. Mit kleinen Keksformen können auch beliebige Formen ausgestochen werden.
- Wenn Abschnitte beim Ausstechen nicht gleicht vernascht werden, kann man diese sehr gut verwerten. Dazu werden die Fruchtpastenreste in etwas heißem Wasser aufgelöst und als Sirup mit Wasser verdünnt getrunken.

- Die geschnittenen Fruchtwürfel werden nun in gesiebtem Staubzucker (evt. mit Zimt vermischt), Feinkristallzucker, Hagelzucker, Mandel- oder Haselnußblättchen gewälzt. Schokoladeliebhaber können die Stücke auch in Schokoladeglasur tauchen.
- Als besonderes Fruchtkonfekt können Sie eine oder zwei verschiedene Fruchtpasten mit Nougat, Marzipan oder geschälten Mandeln füllen. Die Fülle zwischen den Stücken leicht andrücken und anschließend in Zucker wälzen oder in Kuvertüre tunken und evt. mit ganzen Nüssen belegen.
- Die fertigen „Fruchtzuckerln" werden am besten in sauberen, trockenen Blechdosen aufbewahrt. Die Dose mit Pergamentpapier auslegen, und die Fruchtpastenstücke schichtweise einfüllen. Zwischen jede Schicht ein zugeschnittenes Blatt Pergamentpapier legen. Die Stücke sollten nicht zu dicht geschichtet werden, da sie sonst leicht zusammenkleben.
- Die Dosen verschließen und kühl und trocken aufbewahren. Die Haltbarkeit beträgt mindestens 1 Jahr.
- In Pralinenkapseln gesetzt und in schönen Dosen oder Gläsern verpackt, ist dieses fruchtige Konfekt ein wunderbares „Mitbringsel" für Naschkatzen.

REZEPTE

QUITTENKÄSE (QUITTENPASTE ODER -BROT)

1500 g Quitten
1200–1500 g Gelierzucker
Saft einer Zitrone
evt. geriebene Schale von einer halben unbehandelten Zitrone
Mark einer Vanilleschote
mildes Öl (z.B. Mandel- oder Erdnußöl) für das Blech
Staub- oder Feinkristallzucker zum Bestreuen

Quitten mit einem Tuch abreiben, damit der Flaum entfernt wird. Die Früchte waschen, trocknen, Kerngehäuse entfernen und in Stücke schneiden. Quittenwürfel mit einem Viertel Liter Wasser (evt. Weiß- oder Apfelwein) unter ständigem Rühren weich kochen. Die Quitten durch ein feines Sieb streichen (passieren). Den Fruchtbrei mit Zucker, Zitronensaft und -schale sowie Vanillemark kochen, bis die Masse blubbert und sehr dick eingekocht ist. Blech oder Platte gut mit Öl befetten und das Mus 0,5–1,5 cm dick daraufstreichen. Im Backrohr oder an einem warmen Ort trocknen lassen. Aufschneiden oder Formen ausstechen und in Zucker wälzen. An einem kühlen Ort aufbewahren.

Tip: Neben Apfel- und Birnenquitten können auch die Früchte des Zierquittenstrauches verwendet werden. Nach demselben Grundrezept stellt man Apfel- oder Birnenkäse her.

Zwetschken- oder Pflaumenpaste

2000 g Zwetschken oder Pflaumen
ca. 500 ml Wasser oder Rotwein
Saft und die Schale einer unbehandelten Orange
2000 g Gelierzucker
200 g Mandelsplitter
1–2 TL Lebkuchengewürz
Öl zum Bestreichen für das Blech
Zucker zum Wälzen

Früchte waschen, entkernen und in Wasser oder Rotwein weich kochen. Anschließend passieren und mit Zucker, Orangensaft und in feine Streifen geschnittenen oder geriebenen Orangenschalen zum Kochen bringen. Bei schwacher Hitze einkochen, bis die Masse dickbreiig ist. Kurz vor Ende der Kochzeit Mandelsplitter beigeben. Mit Lebkuchengewürz abschmecken und auf ein geöltes Blech aufstreichen. Im Backrohr oder an einem warmen Ort trocknen lassen. In gewünschte Formen schneiden oder ausstechen und in Zucker, z.B. Hagelzucker, wälzen.

Tip: Sehr dekorativ wirkt dieses Konfekt, wenn es zur Hälfte in Kuvertüre getunkt wird.

Vogelbeerkonfekt

1000 g Vogelbeeren
1000 g Vollzucker
Saft von 2 Zitronen
20–40 ml Vogelbeerbrand

Beeren waschen, mit wenig Wasser (so viel, daß sie nicht anbrennen) weich kochen. Durch ein feines Sieb passieren. Das Mus mit Zucker und Zitronensaft vermischen und unter ständigem Rühren bei schwacher Hitze dick einkochen. Vom Herd nehmen und den Vogelbeerbrand unterrühren. Ein Backblech mit Backpapier auslegen, mit Mus bestreichen und im offenen Rohr (Kochlöffel einklemmen) 2–3 Stunden trocknen lassen. Mit einem scharfen Messer in gewünschte Formen schneiden. Noch 2–3 Tage auf dem Backblech an einem warmen Ort nachtrocknen lassen. Vorsichtig vom Blech lösen und luftdicht verpacken.

Tip: Vogelbeeren werden am besten nach dem ersten Frost gepflückt, da sie ansonst einen sehr herben, leicht bitteren Geschmack haben. Sie können die Beeren vor der Verwendung auch über Nacht einfrieren.

Apfelpaste in verschiedenen Formen zu Konfekt verarbeitet

Apfelkäse (Apfelpaste)

1500 g Äpfel
1200–1500 g Gelierzucker
Saft einer Zitrone
evt. geriebene Schale von einer halben unbehandelten Zitrone
Mark einer Vanilleschote
mildes Öl (z.B. Mandel- oder Erdnußöl) für das Blech
Staub- oder Feinkristallzucker zum Bestreuen

Die Apfelpaste stellt man nach demselben Grundrezept wie Quittenkäse her.

OBSTRÖSTER

Obströster sind eine Spezialität, die besonders in der österreichischen Vorratsküche ihren festen Platz hat. Röster werden hauptsächlich als fruchtige Beilage zu Mehlspeisen gereicht. Topfenknödel mit Hollerröster, Mohnnudeln mit Zwetschkenröster oder Kaiserschmarren mit Kirschen- oder Marillenröster sind klassische Beispiele für deren vielseitige Verwendung.

Empfehlungen für die Praxis

- Bei der Herstellung von Röstern wird nur wenig Zucker verwendet und die Haltbarkeit durch Sterilisieren erreicht.
- Zur Herstellung verwendet man in erster Linie Zwetschken, Pflaumen, Marillen, Holunderbeeren und Kirschen.
- Für Röster dürfen nur schöne, vollausgereifte Früchte verwendet werden.
- Die Früchte werden gewaschen, entkernt und je nach Größe halbiert oder geviertelt. Die vorbereiteten Früchte mit wenig Wasser so lange kochen, bis sich die Haut zusammenzieht und faltig bzw. runzelig aussieht.
- Je nach Rezept und Geschmacksvorlieben werden zur Geschmacksverbesserung gleich beim Kochen Gewürze und Aromen (Zimtstangen, Gewürznelken, Vanilleschoten, Sternanis, Zitronen- oder Orangenschalen) beigefügt. Oft wird auch mit Rum oder Obstbrand am Ende der Garzeit verfeinert.
- Nun wird die angegebene Zuckermenge beigegeben und noch ca. 10 Minuten gekocht, bis der Saft klar ist. Die Fruchtstücke müssen noch gut erkennbar sein.
- Der fertige Röster wird in die vorbereiteten Gläser gefüllt und verschlossen.
- Nun sterilisiert man den Obströster bei 75–80° C ca. 20 Minuten ab Erreichen der Einkochtemperatur. Genauere Hinweise siehe Kapitel Sterilisieren.
- Die Gläser auf ein sauberes Tuch stellen und zugedeckt auskühlen lassen.
- Gläser beschriften und kühl und trocken aufbewahren. Die Haltbarkeit beträgt ca. 1 Jahr.

REZEPTE

ZWETSCHKENRÖSTER

1500 g vollreife Zwetschken (Hauszwetschke)
200 g Zucker
1/2 Vanilleschote
1 Zimtstange
4–5 Gewürznelken
20 ml Rum oder Zwetschkenbrand
ca. 125 ml Wasser

Die gewaschenen, gut abgetropften Zwetschken entkernen, halbieren und mit Wasser (ca. 125 ml) in einem Topf zum Kochen bringen. Die Gewürze beigeben und so lange kochen, bis die Haut der Früchte runzelig ist. Nun rührt man den Zucker unter und kocht noch so lange, bis der Saft klar ist. Den Röster mit Rum oder Zwetschkenbrand abschmecken, evt. mit einer Prise Zimtpulver oder Lebkuchengewürz zusätzlich verfeinern. Die Fruchtmasse in die vorbereiteten Gläser füllen und ca. 20 Minuten bei 75° C sterilisieren.

Tip: Zwetschkenröster ist eine typische Beilage zu Kaiserschmarren oder Topfenknödeln.

Marillenröster

1500 g Marillen
350–400 g Zucker
Saft und Schale einer unbehandelten Zitrone
1 Zimtstange
3–4 Gewürznelken
evt. etwas frisch geriebene Ingwerwurzel oder eine Prise Ingwerpulver
20 ml Marillenbrand
ca. 250 ml Wasser

Marillen waschen, entkernen, in Spalten schneiden und sofort mit Zitronensaft beträufeln. In einem Topf mit Wasser zustellen und die Gewürze beifügen. Die Fruchtstücke so lange kochen lassen, bis die Haut runzelig ist. Nun den Zucker beifügen und weiterkochen, bis der Saft klar ist. Mit Marillenbrand abschmecken, in vorbereitete Gläser füllen und verschließen. Bei 75° C ca. 20 Minuten sterilisieren.

Tip: Eine fruchtige Beilage für süße Aufläufe (Hirseauflauf, Kipferlschmarren etc.), Dunstpuddings, Millirahmstrudel und andere österreichische Spezialitäten.

Herbstlicher Hollerröster

1500 g Holunderbeeren
250 g Äpfel
250 g Zwetschken
ca. 300 ml Wasser
2 Zimtstangen
6 Gewürznelken
1/2 Vanilleschote
Saft einer Orange
Schale einer halben unbehandelten Orange

Marillenhälften mit Gewürzen und wenig Wasser zum Kochen bringen

Wenn die Marillenhaut leicht runzelig ist, den Zucker beigeben

Den Marillenröster so lange kochen, bis der Saft klar ist

Den Röster heiß in Gläser füllen und sofort verschließen

Marillenröster, eine vorzügliche Beilage zu warmen Mehlspeisen

Zwetschkenröster ist eine traditionelle Beilage z.B. zu Kaiserschmarren

400 g Zucker
1–2 EL Bütenhonig
40 ml Holunderlikör oder -brand

Früchte waschen und abtropfen lassen. Holunderbeeren abrebeln, Zwetschken entkernen und in dünne Streifen schneiden, Äpfel schälen und in kleine Würfel schneiden. Vorbereitetes Obst mit Wasser und Gewürzen zustellen und kochen, bis die Früchte ein runzeliges Aussehen haben. Anschließend den Zucker beigeben und kochen, bis der Saft klar ist. Vor dem Einfüllen mit Honig und Likör den Geschmack abrunden. In vorbereitete Gläser füllen, verschließen und ca. 20 Minuten bei 75° C sterilisieren.

Tip: Anstelle von Äpfeln können auch Birnen und anstelle von Hollerlikör kann auch Nußlikör verwendet werden. Dieser Röster schmeckt köstlich zu Grießschmarren, gekochtem Grießstrudel oder warmen Topfenmehlspeisen. Wunderbar zum Verfeinern bzw. als Beigabe zu Wildspezialitäten.

Kirschen- oder Weichselröster

1500 g süße Kirschen oder Weichseln
ca. 125 ml Wasser
1 Zimtstange
4 Gewürznelken
Saft einer Orange
Schale einer ungespritzen Orange
200 g Zucker (bei Weichseln 250–300 g)
20 ml Kirschen- oder Weichsellikör

Früchte waschen, entkernen und in Wasser mit Gewürzen kochen, bis die Früchte leicht runzelig aussehen. Zucker beigeben und so lange kochen, bis der Saft klar ist. Mit Likör verfeinern und in die vorbereiteten Gläser füllen. Bei 75° C ca. 15 Minuten sterilisieren.

Tip: Verfeinern kann man auch mit einigen Tropfen Bittermandelaroma. Warm schmeckt der Röster zu allen klassischen warmen Mehlspeisen. Er harmoniert aber auch wunderbar mit Zitronen- oder Walnußeis.

KANDIERTES UND GLASIERTES OBST

Das Kandieren ist eine langwierige Angelegenheit, wenn auch nicht sonderlich arbeitsintensiv. Früchte in „süßer Hülle“ für spezielle Dekorationen und als Konfekt haben schon lange Tradition. Denken Sie an Kandiertes, das in allen Farben kostbar von edlen Tortenkreationen oder Petit fours schimmert. Oder an die wunderschönen, fast gläsern aussehenden glasierten roten Äpfel, die sogenannten Liebesäpfel. Durch die kräftig leuchtenden Farben und die Vielfalt an Formen werden Sie immer neue Überraschungen erleben. Verwöhnen Sie Ihre Freunde doch einmal mit kandierten Fruchtgenüssen aus der eigenen Küche.

Das Prinzip des Kandierens und Glasierens

Kandiertes Obst wird durch den hohen Zuckergehalt (weit höher als bei Konfitüren) haltbar. Die Haltbarkeit wird durch Einlegen in Sirup und durch teilweises Nachzuckern erreicht. Bei diesem Verfahren wird der Wassergehalt im Obst gegen Zucker ausgetauscht. Wasser wandert durch die Zellwände nach außen und der Zucker nach innen. Dieser Prozeß geht sehr langsam vor sich, daher ist das Kandieren ein recht langwieriges Verfahren. Durch den niedrigen Wassergehalt und die hohe Zuckerkonzentration können die Mikroorganismen nicht überleben.
Beim Glasieren werden die Früchte nur in heiße Zuckerlösung getaucht und anschließend getrocknet. Durch den Luftabschluß mit der Zuckermasse wird die Frucht kurzfristig konserviert. Glasieren ist eine rasche Methode zur Herstellung von Dekorfrüchten.

Empfehlungen für die Praxis

Vorarbeiten

- Die Qualität des Obstes ist für ein erfolgreiches Kandieren besonders wichtig. Zum Kandieren und Glasieren eignen sich fast reife oder reife, aber noch feste Früchte von aromatischen Obstarten.
- Überreifes oder angeschlagenes Obst ist ungeeignet. Ebenso lassen sich sehr saftreiche Beeren nicht Kandieren bzw. Glasieren.
- Geeignete Obstarten sind: Marillen, Pfirsiche, Birnen, Erdbeeren, Quitten, Kirschen, Weichseln, Zwetschken, Pflaumen, Trauben, Zitrusfüchte, Ananas, Kiwi, Kumquart etc.
- Geschältes, vorbereitetes Obst je nach Bedarf in gewünschte Formen schneiden bzw. ausstechen (z.B. kleine Kugeln mit dem Parisienneausstecher).
- Feste Obstarten (Marillen, Pfirsiche, Ananas, Zitrusfrüchte etc.) werden vorher kurz in heißem Wasser blanchiert, damit die Zuckerlösung besser eindringen kann. Das Obst muß fest bleiben und darf nicht zerkocht werden, da es sonst leicht zerfällt und unansehlich wird.
- Das Obst gut abtropfen lassen und den Kochsud für die Kandierlösung weiterverwenden.
- Früchte, die im Ganzen kandiert werden (Erdbeeren, Trauben, Kirschen, Weichseln etc.) mit dem Zahnstocher mehrmals anstechen, damit die Zuckerlösung besser in das Fruchtfleisch eindringen kann.

- Dosenfrüchte, z.B. Ananas oder Mandarinen, eignen sich sehr gut zum Kandieren. Diese werden ohne Blanchieren sofort in die Kandierlösung eingelegt.

Kandieren

- Faustregel für die Herstellung des Zuckersirups: 1000 g Obst : 1000 g Gelierzucker + 500 ml Wasser oder Kochsud + Saft einer Zitrone
- Es empfiehlt sich, in die Kandierlösung Zitronensaft zu geben, damit der Zuckersirup nicht kristallisiert.
- Gelierzucker mit Wasser und Zitronensaft dick einkochen, bis der Zucker Fäden zieht. Fadenkontrolle: Einen Tropfen überkühlte Zuckerlösung zwischen Daumen und Zeigefinger nehmen – beim Auseinanderziehen muß sich ein dünner Faden bilden.
- Gut abgetropftes Obst – nach Sorten getrennt – in passende Porzellanschüsseln geben. Mit heißer Zuckerlösung übergießen. Das Obst muß vollständig bedeckt sein.
- Anschließend mit Pergamentpapier abdecken, damit die Früchte nicht austrocknen, und ziehen lassen.
- Am zweiten Tag die Früchte mit einem Lochschöpfer vorsichtig aus der Zuckerlösung heben. Auf einem Gitter kurz abtropfen lassen.
- Zuckerlösung erneut bis zur Fadenprobe einkochen und bei Bedarf etwas Zucker und Flüssigkeit nachgeben. Die heiße Lösung wieder über die Früchte gießen und abdecken.
- Dieser Vorgang wird nun alle zwei Tage insgesamt fünfmal wiederholt. Sollten die Früchte im Sirup erstarren, das Ganze vorsichtig erwärmen, damit der Sirup wieder flüssig wird und die Früchte gut bedeckt sind.
- Beim letztenmal die Zuckerlösung dicker einkochen und die Früchte darin zugedeckt vier Tage ziehen lassen.
- Anschließend das Obst vorsichtig aus der Lösung heben, auf einen Küchenrost geben, den man am besten auf ein Backblech stellt.
- Bei 50° C im Backrohr bei offener Tür (Kochlöffel einklemmen) trocknen lassen oder an einem anderen warmen Ort nachtrocknen.
- Die Früchte während der Trockenzeit mehrmals wenden, damit sie gleichmäßig trocknen.
- Die kandierten Früchte sind fertig, wenn sie sich nicht mehr klebrig anfühlen und seidig glänzen.

Glasieren

- Möchten Sie schnell einige Früchte zum Verzieren von Torten, Kuchen oder Desserts zum baldigen Verzehr herstellen, gibt es die schnelle und einfache Methode des Glasierens.
- Zuckerlösung zum Glasieren: 250 ml Wasser werden mit 500 g Gelierzucker bei schwacher Hitze gekocht, bis die Lösung dick-zähflüssig wird und lange Fäden zieht (Fadenprobe – siehe Kandieren).
- Bei der Herstellung rot glasierter Liebesäpfel wird die Zuckerlösung zur Farbintensivierung mit roter Lebensmittelfarbe eingefärbt.

Zum Kandieren eignen sich sowohl heimische als auch exotische Früchte

- Die Früchte oder Fruchtstücke spießt man auf einen Zahnstocher oder Holzspieß und taucht sie kurz in kochendes Wasser.
- Anschließend mit Küchenkrepp gut abtrocknen und sofort in die vorbereitete heiße Zuckerlösung tauchen.
- Aufgespießt (z.B. auf einem Krautkopf), läßt man die glasierten Früchte an einem warmen Ort trocknen.

Gezuckerte Früchte

- Eine Abwandlung des Glasierens ist das Herstellen von gezuckerten Früchten.
- Ganze oder mundgerecht zerteilte Fruchtstücke werden auf eine Gabel oder einen Spieß aufgesteckt und kurz in kochendes Wasser gehalten.
- Auf Küchenpapier gut abtropfen lassen und anschließend, kurz bevor die Früchte trocken sind, wälzt man sie in Kristallzucker.
- Gezuckerte Früchte müssen rasch verzehrt werden.

Nacharbeiten

- Sehr dekorativ wirkt bei kandierten oder glasierten Früchten das Eintauchen (ganz, nur die Spitzen, zur Hälfte etc.) in weiße oder dunkle Kuvertüre. Beim Glasieren mit Schokolade unbedingt auf einer Folie nachtrocknen.

Aufbewahren

- Nach Obstarten getrennt, in Gläsern, schönen Dosen oder mit Folie bzw. Pergamentpapier ausgelegten Schachteln aufbewahren.
- Zwischen die Lagen ebenfalls Folie oder Pergamentpapier legen.
- Lagerbedingungen: kühl und trocken bei ca. 15° C. Kandiertes Obst ist einige Monate haltbar. Glasiertes Obst muß je nach Obstart innerhalb einiger Tage aufgebraucht werden.

CHUTNEYS

Chutneys stammen ursprünglich aus Indien und heißen dort „chanti", was „scharf gewürzt" bedeutet. Im 19. Jahrhundert brachten heimkehrende britische Kolonialherren diese würzigen Spezialitäten nach England mit, die sich in der Folge auf der ganzen Welt verbreiteten.
Chutneys sind süß-saure Würzmarmeladen. Sie können süß, scharf, sauer oder würzig schmecken, ein glattes Püree oder pikante Fruchtsaucen mit herzhaften ganzen Fruchtstücken sein. Die Grundlage bilden Früchte (einzeln oder gemischt) und zum Teil auch Gemüse, dazu kommen Zucker, Essig, Gewürze und Kräuter. Das Chutney wird ähnlich wie eine Konfitüre dick eingekocht.
Diese pikant würzigen Spezialitäten schmecken vorzüglich zu Fisch-, Geflügel- und Fleischgerichten aller Art. Sehr appetitanregend und schmackhaft sind sie in Verbindung mit Vorspeisen, Reis- und Nudelgerichten, Salaten und Pasteten. Chutneys gehören in Indien zu jeder Mahlzeit und können auch aus heimischem Obst ohne viel Aufwand in unzähligen Variationen unseren Speisezettel auf „exotische" Art bereichern. Ihre Herstellung ist einfach und beschert auch Anfängern Erfolgserlebnisse. Chutneys, in kleinen Mengen hergestellt, sind in der modernen Küche als besonderes Würzmittel ein wichtiger Bestandteil geworden. Wenn Sie und Ihre Familie mit folgenden Rezepten auf den Geschmack gekommen sind, können Sie Ihre ganz persönlichen Variationen erfinden. Selbstgemachte Chutneys sind ausgefallene Mitbringsel, besonders, wenn es sich um Kompositionen quer durch den eigenen Obstgarten handelt.

Empfehlungen für die Praxis

- Für diese süß-säuerlichen, fruchtigen Würzmarmeladen eignen sich fast alle Obstarten (einzeln oder gemischt), z.B. Äpfel, Birnen, Zwetschken, Pflaumen, Kirschen, Marillen, Nektarinen, Beeren, Wildfrüchte etc.
- Grundsätzlich gelten auch hier die Einkochregeln wie für Konfitüren und Gelees. Es muß so lange gekocht werden, bis die Chutneys eine marmeladeähnliche Konsistenz bekommen. Die Kochzeit dauert je nach Obstart 30–60 Minuten.
- Kleine Schraubgläser oder Gläser mit Bügelverschluß sind am besten geeignet. Verwenden Sie nur kleine Gläser, da es sich bei Chutneys um eine Spezialität handelt, die nur als Würzmittel bzw. als Beigabe zu Fleisch-, Fisch-, Geflügel-, Gemüsegerichten usw. verwendet wird.
- Für den süß-sauren Charakter und die Haltbarkeit sind in erster Linie Essig und Zucker verantwortlich.
- Geeignet sind milde Essigsorten, wie z.B. Apfel-, Weißwein- und Rotweinessig, bzw. Spezialessige, wie z.B. Beerenessige, Zitronenessig etc., die das Grundprodukt harmonisch ergänzen.
- Branntweinessige und Essigessenzen sind ungeeignet, da sie sehr scharf sind und den Eigengeschmack der Früchte überdecken.
- Zur Geschmacksabrundung wird Essig gerne mit Weiß- oder Rotwein, trockenem Sherry, Madeira, Marsala etc. ergänzt.

- Bei Zucker wird vor allem Haushaltszucker verwendet. Um dem Geschmack des Chutneys eine besondere, leicht karamelartige Note zu geben, werden gerne Voll-, Braun- oder Kandiszucker und Honig gewählt.
- Außer den Standardgewürzen Salz und Pfeffer sind den weiteren Gewürz- und Kräuterbeigaben keine Grenzen gesetzt. Besonders gerne werden verwendet: Curry, Cayenne- oder andere Pfefferspezialitäten, Chili, Ingwer, Senfkörner bzw. -pulver, Muskatnuß oder -blüte, Koriander, Neugewürz, Kreuzkümmel, Nelken, Zimt, Sternanis, Petersilie, Rosmarin, Thymian, Minze- und Melissearten, Salbei, Lorbeer usw.
- Ganze Gewürze gibt man am besten in Mull- oder Leinensäckchen oder auch in Tee-Eier bzw. -filter. So erspart man sich das Herausfischen der Gewürze vor dem Abfüllen.
- Gemahlene Gewürze sollten kurz vor Ende der Kochzeit untergerührt werden, damit der Geschmack intensiv bleibt.
- Chutneys brauchen 3–4 Wochen zum Durchziehen bzw. Reifen, damit die Aromen miteinander verschmelzen und der Geschmack sich voll entfalten kann.
- Die Haltbarkeit beträgt ca. 3–4 Monate. Eine Verlängerung der Haltbarkeit auf ein Jahr wird durch Heißeinfüllen oder Sterilisieren, 20 Minuten bei 80° C, erreicht.
- Kühl und dunkel lagern. Angebrochene Gläser verschlossen im Kühlschrank aufbewahren.

REZEPTE

Feuriges Apfelchutney mit Chili

1000 g säuerliche Äpfel
300 g rote Zwiebeln
2 EL Öl
2–3 Chilischoten
300 ml Rotweinessig
350 g Braunzucker
1 TL Salz
1 TL bunte Pfefferkörner
1/2 TL Senfkörner
2 Lorbeerblätter
1 TL gerebelter Thymian
1 TL Ingwer (wenn möglich frisch)
1 Msp. Cayennepfeffer

Äpfel schälen, vom Kerngehäuse befreien und in kleine Würfel schneiden. Zwiebeln und Chilischoten fein hacken. Zwiebeln in Öl anschwitzen und ein Drittel der Zuckermenge darin karamelisieren lassen, mit Essig ablöschen und die vorbereiteten Äpfel beigeben. Nun die restlichen Zutaten einrühren und bei schwacher Hitze ca. eine halbe Stunde einkochen lassen, bis die Masse eine dickliche Konsistenz hat. Chutney kochend heiß in saubere Gläser füllen und sofort verschließen.

Tip: Schmeckt sehr gut zu gegrilltem Schweinefleisch oder Fondue und zu kaltem Braten. Jene, die es besonders feurig lieben, können das Chutney mit einigen Tropfen Tabascosauce verschärfen.

Apfel-Birnen-Chutney

500 g Äpfel
500 g Birnen
Saft und Schale einer ungespritzten Orange
Saft und Schale einer ungespritzten Zitrone
250 ml Apfelessig
250–300 g weißer Kandiszucker
150 g Rosinen
1 Zimtstange
4–5 Gewürznelken
je 1 Msp. Neugewürz und Ingwerpulver
etwas Salz und frisch gemahlenen Pfeffer

Orange und Zitrone hauchdünn abschälen (weiße Haut schmeckt bitter) und in ganz feine Streifen (Zesten) schneiden. Äpfel und Birnen schälen, vom Kerngehäuse befreien und in Stücke schneiden. Sofort mit Zitronen- und Orangensaft übergießen. Fruchtmasse mit den übrigen Zutaten in einen Topf geben und ca. 1 Stunde zugedeckt durchziehen lassen. Anschließend zum Kochen bringen und bei schwacher Hitze dicklich einkochen. Heißes Chutney in vorbereitete Gläser füllen und sofort verschließen.

Tip: Harmoniert wunderbar zu kalten Wildpasteten und besonders zu Geflügel und Wildgeflügel, aber auch zu Schaf- und Ziegenkäsespezialitäten. Dieses Chutney kann auch nur mit Birnen bzw. Äpfeln zubereitet werden. Anstelle von Kandis kann auch Honig verwendet werden.

Ribiselchutney „Cumberland“

1000 g Rote Ribiseln
200 g Preiselbeeren oder Moosbeeren
Saft von 3 Orangen

Schale einer ungespritzten Orange
4 Stück Würfelzucker
125 ml vollmundiger Rotwein
125 ml Ribisel- oder Rotweinessig
400 g Zucker
1 Stange Zimt
6 Gewürznelken
1 TL Senfpulver
1 Prise Paprikapulver (edelsüß)
1 Msp. Cayennepfeffer
1 TL getrocknete gerebelte Kräuter (Rosmarin, Thymian, Lorbeer)
1 TL Salz
evt. 20 ml Orangenlikör (Cointreau)

Ribiseln und Preiselbeeren waschen und abtropfen lassen. Ungespritzte Orange mit Würfelzucker gut abreiben, dann dünn schälen und in feine Streifen schneiden. Rotwein mit Orangensaft und geschnittener -schale, Würfelzucker, Zucker, Zimt und Nelken aufkochen, vom Herd ziehen und abkühlen. Die Früchte beigeben und einige Stunden (am besten über Nacht) ziehen lassen. Am nächsten Tag mit Essig, Kräutern und Salz bei schwacher Hitze dicklich einkochen. Vom Herd nehmen und mit den übrigen Gewürzen abschmecken. Heiß in die vorbereiteten Gläser füllen und verschließen.

Tip: Diese Chutneyvariation ist eine klassische Beilage zu Wildspezialitäten, Fleischpasteten oder Roastbeef und sollte bei keinem Buffet fehlen. Dieses Rezept schmeckt auch ausgezeichnet mit der Fruchtkombination Weichseln und Kirschen zu gleichen Teilen oder nur Schwarzen Ribiseln anstelle von Roten Ribiseln.

Feines Marillenchutney

1000 g Marillen
250 g Äpfel
250 g Schalottenzwiebeln
1–2 Knoblauchzehen
100 ml fruchtiger Weißwein
250 ml Weißweinessig
350 g Vollzucker
1 EL feingehackter Ingwer
100 g grobgehackte Walnüsse oder Mandelsplitter
1 EL Currypulver
1 Prise Muskatnuß

4–5 Gewürznelken
1 Zimtstange
1 TL Salz

Marillen entkernen und in kleine Stücke schneiden. Äpfel schälen, vom Kerngehäuse befreien und ebenfalls in kleine Würfel schneiden. Schalotten, Knoblauch und Ingwer fein hacken. Alle Zutaten (außer Currypulver) in einem Topf zum Kochen bringen. Die Fruchtmasse bei schwacher Hitze langsam dicklich einkochen lassen. Vom Herd nehmen, die grobgehackten Walnüsse sowie den Curry untermischen und nochmals kurz aufkochen lassen. In vorbereitete Gläser heiß abfüllen und sofort verschließen.

Tip: Dieses leichte, raffinierte Chutney schmeckt hervorragend zu Geflügelgerichten und feinen Pasteten. Die Marillen können auch durch Pfirsiche oder Nektarinen ersetzt werden.

Pikantes Stachelbeerchutney

1000 g Stachelbeeren
250 g Äpfel
250 g Zwiebeln
300 ml Stachelbeeressig- oder Kräuteressig
400 g Zucker
1 TL Salz
3 Knoblauchzehen
1 TL Ingwerpulver
1 TL Curry
1 Prise Nelkenpulver
1 Msp. gemahlener Koriander
1 EL Estragonsenf
1 EL gehackte Dille
1 EL gehackter Estragon
1 EL Honig

Stachelbeeren waschen, entstielen und Blütenansatz entfernen. Äpfel schälen, vom Kerngehäuse befreien und kleinwürfelig schneiden. Zwiebeln und Knoblauch fein hacken. Alle Zutaten in einem breiten Topf zum Kochen bringen und langsam dicklich einkochen lassen. Vom Herd nehmen und die frischen Kräuter sowie den Honig untermischen. Heiß in die vorbereiteten Gläser füllen und sofort verschließen.

Tip: Stachelbeerchutney ist eine extravagante Beigabe zu Lamm- und Fischspezialitäten, besonders zu geräucherten Fischen und Lachsgerichten.

Scharfes Pflaumen- oder Zwetschkenchutney

1000 g Pflaumen oder Zwetschken
250 g rote Zwiebeln
150 g Rosinen
4–6 Knoblauchzehen
3 Pfefferoni (rot und grün)
400 ml Apfel- oder Rotweinessig
350 g Braunzucker
Saft und geriebene Schale einer ungespritzten Zitrone
1 gestrichener EL Salz
1 TL Gewürznelken
1 Zimtstange
1 TL Neugewürzkörner (grob zerdrückt)
1 TL Thymian
1 TL Bohnenkraut
1/2 TL Rosmarin
2 EL Honig

Pflaumen bzw. Zwetschken entkernen und kleinwürfelig schneiden. Zwiebeln und Knoblauch fein hacken. Alle Zutaten (bis auf den Honig) in einem breiten Topf zum Kochen bringen und bei schwacher Hitze einkochen lassen, bis die Masse dicklich ist. Vom Herd nehmen, den Honig unterrühren und noch heiß in vorbereitete Gläser füllen.

Herbstliches Quittenchutney

1000 g Quitten (ungeschält)
400 g Äpfel oder Birnen
150 g Dörrzwetschken oder -pflaumen
300 g Zwiebeln
3 EL Öl
Saft und Schale einer unbehandelten Zitrone
400 g Kandiszucker
125 ml Weißwein
250 ml Apfelessig
1 TL Salz
1 Zimtstange
5 Gewürznelken
1 TL Ingwerpulver

Das sind die Zutaten zum Holunderbeerenchutney

Holunderbeerenchutney – scharf-würzig zu Wildschinken

Ribiselchutney „Cumberland“ – eine klassische Beilage zu Wildspezialitäten, Pasteten und Roastbeef

1 TL Currypulver
1 Prise gemahlene Muskatnuß
etwas frisch gemahlener Pfeffer

Dörrzwetschken über einige Stunden (am besten über Nacht) in Weißwein einweichen und anschließend fein hacken. Die Einweichflüssigkeit nicht wegschütten, sondern später zur Chutneymasse geben. Quitten mit einem Tuch abreiben, schälen, das Kerngehäuse entfernen und in kleine Würfel schneiden. Äpfel oder Birnen ebenfalls schälen, vom Kerngehäuse befreien und in kleine Würfel schneiden. Die vorbereiteten Früchte mit den übrigen Zutaten in einem Topf zum Kochen bringen und bei schwacher Hitze einkochen lassen. Wenn das Chutney eine dickliche Konsistenz aufweist, in vorbereitete Gläser füllen und sofort verschließen.

Tip: Quittenchutney schmeckt gut zu gegrilltem Fleisch (Geflügel, Lamm, Schwein, Kaninchen) und zu kaltem Braten.

Holunderbeerenchutney

1000 g Holunderbeeren
150 g Zwiebeln
80 g Vollzucker
2 EL Blütenhonig
1 TL Salz
1 TL Senfkörner
6 Neugewürzkörner
6 Gewürznelken
1 TL Ingwerpulver
500 ml Rotweinessig
1 TL gerebelter Thymian
1 TL gerebeltes Bohnenkraut
1/2 TL Rosmarin
1 Msp. Cayennepfeffer

Holunderbeeren mit einer Gabel oder einem Kartoffelstampfer zerdrücken. Zwiebeln fein hacken. Zusammen mit den übrigen Zutaten in einen breiten Topf geben und bei schwacher Hitze einkochen lassen, bis die Masse eine marmeladenähnliche Konsistenz hat. Noch heiß in vorgewärmte Gläser füllen und sofort verschließen.

Tip: Eine interessante Variante erzielen Sie, wenn Sie statt der Holunderbeeren Kornelkirschen (Dirndln) verwenden. Holunderbeerenchutney paßt ausgezeichnet zu geräuchertem Wild und Wildgeflügel, zu warmen Wildspezialitäten oder zur Verfeinerung von Wildsaucen. Aber auch zu luftgetrocknetem Rindfleisch oder Rinderbraten schmeckt es köstlich.

Hagebuttenchutney

1000 g Hagebutten (geputzt und entkernt)
500 g säuerliche Äpfel
500 g Zwiebeln
250 g grüne Tomaten
500 ml Apfel- oder Rotweinessig
500 g Kandiszucker
2 TL Salz
1/2 TL frisch gemahlener Pfeffer
2 TL Ingwerpulver
1 EL Senfkörner
1 EL Curry
2 EL gehackte Zitronenmelisse

Die vorbereiteten Hagebutten hacken bzw. in Stücke schneiden. Äpfel schälen, vom Kerngehäuse befreien und kleinwürfelig schneiden. Tomaten entkernen und fein hacken, Zwiebeln ebenfalls fein hacken. Alle Zutaten in einem Topf zum Kochen bringen und bei schwacher Hitze langsam einkochen lassen. Vom Herd nehmen und die frisch gehackte Zitronenmelissse unterrühren. Noch heiß in die vorbereiteten Gläser füllen.

Tip: Bei der Verwendung von Heckenrosen, die im August reifen, haben Sie eine größere Ausbeute als bei den wilden Hagebutten. Anstelle von Hagebutten können auch Brombeeren oder Preiselbeeren nach dem gleichen Rezept verwendet werden.
Schmeckt ausgezeichnet zu Pasteten und Terrinen, warm gebratener Leber und zu Wildschmankerln.

SÜSS-SAUER EINGELEGTES OBST

Diese Art der Konservierung ist für nicht alltägliche Spezialitäten gedacht. Süß-Saures macht angeblich lustig und sicherlich Appetit auf mehr. Schmankerln aus süß-saurem Obst sind der „Tupfen auf dem i" für besondere Fleischgerichte, als Beigabe zur Jause oder eine interessante Kombination für Käsespezialitäten. Wie wäre es einmal mit süß-sauer eingelegten Marillen zu warmem Ziegenkäsestrudel, einem feinen Hirschbraten in Burgundersauce mit eingelegten Quitten oder erlesenen Käsesorten mit eingelegten grünen Walnüssen? So veredeltes Obst ist ebenso eine exquisite Beigabe zu allen Terrinen und Pasteten. Süß-saure Küchenexperimente machen Spaß, und das Ergebnis ist die Mühe immer wert, da es solche Schmankerln fast nicht zu kaufen gibt. Mit solchen „Schätzen" holen Sie ein Stück alter Tradition in Ihre Vorratsküche zurück. Sie haben immer ein persönliches Geschenk für kulinarisch Verwöhnte, die gerne Neues genießen.

Das Prinzip des Einlegens in Essig-Zucker-Lösung

Bei dieser Art der kombinierten Haltbarmachung wirkt neben dem Essig auch der Zucker konservierend. Die meisten Mikroorganismen können in dem sauren Milieu, wie es durch den Zusatz von Essig geschaffen wird, nicht überleben. Einige sind jedoch säurefest, deshalb kombiniert man das Einlegen in Essig mit hohen Zuckerbeigaben und mit Erhitzen.

Empfehlungen für die Praxis

Arbeitsgeräte und Gläser

- Es gelten hier grundsätzlich dieselben Regeln bezüglich Sauberkeit, Hygiene und Vorbereiten der Gläser wie bei der Konfitüren- und Kompottherstellung.

Obstauswahl

- Es eignen sich Zwetschken, Pflaumen, Birnen, Quitten, Äpfel, Ringlotten, Pfirsiche, Kirschen, Weichseln, Beerenfrüchte (Preiselbeeren, Brombeeren, Heidelbeeren, Ribiseln), Wildfrüchte (Hagebutten, Schlehen, Holunderbeeren, Kornelkirschen) und grüne Walnüsse.
- Verwenden Sie nur einwandfreie Früchte von bester Qualität. Die Früchte müssen erntefrisch, fest und makellos sein.
- Überreife Früchte sind nicht geeignet. Z.B. wird bei überreifen Quitten das Fruchtfleisch leicht „schwammig" und nimmt den Sud schwer auf.

Vorbereiten des Obstes

- Die Früchte waschen, verlesen, abtropfen lassen und abtrocknen.
- *Beerenfrüchte:* Erst nach dem Waschen entstielen, um unnötigen Saftverlust zu vermeiden. Die Beeren werden immer im Ganzen weiterverarbeitet.

- *Steinobst:* z.B. Kirschen, Weichseln, Zwetschken, Pflaumen, Ringlotten werden nicht entkernt. Die Früchte mit einem Zahnstocher oder einer Nadel mehrmals rundherum anstechen. So kann der Sud gut ins Fruchtfleisch eindringen, und die Früchte platzen nicht so leicht. Größere Früchte, wie z.B. Marillen oder Pfirsiche, werden entsteint, halbiert oder geviertelt und je nach Bedarf geschält.
- *Kernobst:* z.B. Äpfel, Birnen, Quitten werden geschält und vom Kerngehäuse befreit. Anschließend in Stücke oder Spalten schneiden. Kleine Birnen sehen im Ganzen mit der Schale eingelegt sehr dekorativ aus.

Sudbereitung

- Als Faustregel für süß-sauren Sud gilt: Auf 2000 g Obst kommen 750 ml Essig (oder 500 ml Essig mit 250 ml Wasser) und 750–1500 g Gelierzucker oder Zucker. Gewürze, Wein oder Alkohol werden je nach Rezept verwendet.
- Essigarten: Es eignen sich Weißwein- oder Rotweinessig, Obst- und Apfelessig. Aromatisierte Essige sollten nur dann verwendet werden, wenn diese mit dem Grundprodukt harmonieren, z.B. Brombeeren mit Brombeeressig, denn aromatisierte Essige überdecken leicht den Eigengeschmack der Früchte.
- Zum Süßen eignen sich Gelier- oder Haushaltszucker, weißer oder brauner Kandiszucker, Voll-, Braun- oder Rohzucker, Birnen- oder Apfeldicksaft sowie Honig (besonders Blütenhonigarten).
- Zum Würzen eignen sich Zimtstangen, Gewürznelken, Vanilleschoten, Ingwerwurzeln oder Ingwerpulver, Orangen- und Zitronenschalen, Sternanis, Neugewürzkörner, Kardamom, Senfkörner und Kräuter.

Methoden des Einlegens

- Je nach Obstart stehen zwei Methoden des süß-sauren Einlegens zur Verfügung.
- *Methode I:* Eignet sich für feste Früchte, z.B. Quitten, Birnen, Marillen, Pfirsiche, Zwetschken, Pflaumen, Äpfel usw. Die vorbereiteten Früchte werden gleich in den kochenden Sud eingelegt und mitgekocht. Die Früchte vorsichtig *bißfest kochen.* Durch zu langes Kochen zerfallen sie und werden unansehnlich. Anschließend den Sud abseihen oder die Früchte behutsam mit dem Lochschöpfer aus dem Sud nehmen und in die vorbereiteten Gläser schichten. Den Sud noch etwas eindicken bzw. einkochen lassen und noch heiß, mindestens fingerdick über die Früchte gießen.
- *Methode II:* Besonders für Beerenfrüchte geeignet. Die vorbereiteten Früchte roh in die Gläser schichten und mit dem eingekochten bzw. eingedickten Sud fingerbreit übergießen.
- Bei *beiden Methoden* empfiehlt es sich, nach zwei Tagen die Gläser nochmals zu öffnen und die Früchte ein zweites Mal mit dem Sud zu übergießen, wodurch eine längere Haltbarkeit gewährleistet ist. Der Sud wird nun ohne Früchte nochmals aufgekocht, evt. eingedickt und heiß über die eingeschichteten Früchte geleert. Diese müssen unbedingt fingerbreit mit Sud bedeckt sein.

- Es empfiehlt sich, die Gläser mit den eingeschichteten Früchten auf einer weichen Unterlage aufzustoßen, damit die Früchte zusammenfallen und keine großen Leerräume entstehen.
- Gewürze, die im Ganzen (Zimtstange, Vanilleschote etc.) im Sud mitgekocht werden, wirken auch im Glas sehr dekorativ.

Aufbewahren

- Wer die eingelegten Früchte länger als 6–8 Monate lagern will bzw. keine idealen Lagerräume (zu warm oder zu feucht) hat, sollte die Gläser zusätzlich sterilisieren. Dadurch erhöht sich die Haltbarkeit auf mindestens 1 Jahr. Es ist jedoch unnötiges Erhitzen zu vermeiden, da dadurch die Qualität in bezug auf Aussehen, Farbe und Inhaltsstoffe leidet.
- Kühl und trocken lagern und regelmäßig kontrollieren. Angebrochene Gläser verschlossen im Kühlschrank aufbewahren.
- Süß-sauer Eingelegtes benötigt vor dem Verzehr eine Reifezeit von 3–4 Wochen.

REZEPTE

Grüne Walnüsse süss-sauer

1000 g grüne Walnüsse (fleckenlos)
400 ml Apfelessig
1100 g Kandiszucker
125 ml Wasser
5 Zimtstangen
1 EL Gewürznelken
Schale einer unbehandelten Zitrone
evt. 2 Stück Sternanis

Der beste Erntezeitpunkt der grünen Nüsse ist Juni bis Anfang Juli. Die grünen, fleckenlosen Früchte mit einer Nadel oder einem dünnen Spieß mehrmals einstechen, in einen Topf geben und mit kaltem Wasser bedecken. Aufkochen und 5 Minuten ziehen lassen. In ein Sieb geben, mit klarem Wasser abspülen und abtropfen lassen. In ein großes Gefäß schichten (z.B. großes Gurkenglas). Essig mit Wasser, Zucker, Gewürzen und dünn abgeschälter Zitronenschale aufkochen. Diesen Sud über die Nüsse im Glas gießen, mit in heißem Wasser eingeweichten Holzspachteln (in der Apotheke erhältlich) niederspannen, damit alle Nüsse mit Sud bedeckt sind. Das Ganze 2 Tage durchziehen lassen. Anschließend den Sud abgießen und nochmals aufkochen lassen. Die Nüsse in den kochenden Sud einlegen und bei schwacher Hitze ca. 40 Minuten köcheln lassen. Die Nüsse sollten mürbe sein und die Form gut behalten. Nadelprobe: Die Nüsse lassen sich mit einem Spieß leicht, ohne Widerstand einstechen. Anschließend werden sie mit einem Lochschöpfer herausgehoben und dicht in Gläser geschichtet. Den Sud nochmals aufkochen und kochendheiß fingerbreit über die Nüsse gießen. Die Gläser verschließen, kühl und dunkel lagern. Grüne Nüsse benötigen eine Reifezeit von mindestens einem halben Jahr und sollten erst dann verwendet werden. Aufgrund des hohen Zuckergehaltes sind diese süßsauer eingelegten Walnüsse auch ohne zusätzliches Sterilisieren mindestens 1 Jahr haltbar.

Tip: Die Nüsse vor dem Servieren in Scheiben schneiden und zu Wild- und Geflügelspezialitäten, z.B. Enten, Gänse etc., servieren. Grüne Walnüsse sind auch eine exklusive Beigabe zu besonderen Käseschmankerln.

Gewürzquitten süss-sauer

2000 g Apfel- oder Birnenquitten
1000 ml Apfelessig
750 ml Wasser
750 g Zucker oder Kandiszucker
4 Stangen Zimt
5 Gewürznelken
1 Vanilleschote
Saft und Schale einer unbehandelten Orange
Evt. 2 Kardamomkapseln

Die Quitten mit einem Tuch gründlich abreiben, schälen, das Kerngehäuse entfernen und in nicht zu dünne Spalten schneiden. Wasser mit Essig, Zucker und den Gewürzen in einem breiten Topf zum Kochen bringen. Die Quittenspalten in den kochenden Sud geben und ca. 10–15 Minuten bei schwacher Hitze bißfest kochen. Danach die Quittenstücke mit einem Lochschöpfer herausheben und in vorbereitete Gläser füllen. Den Sud nochmals aufkochen, evt. noch reduzieren lassen und heiß über die Früchte gießen (diese müssen fingerbreit mit Sud bedeckt sein). Gewürze, wie Vanilleschote, Zimtstange und Nelken, als Dekoration in die Gläser geben. Diese verschließen und kühl und dunkel aufbewahren.

Tip: Gewürzquitten sind eine g'schmackige Beilage zu Rinder- und Lammbraten, Geflügel, Pasteten und Terrinen.

Kleine Birnen süss-sauer

2000 g kleine, feste Birnen mit Stiel (z.B. Salzburgerbirnen)
400 ml Rotweinessig
400 ml vollmundiger Rotwein
500 g Vollzucker oder Zucker

Der beste Erntezeitpunkt für grüne Nüsse ist Juni bis Anfang Juli

Die sauberen Nüsse mit einer Nadel mehrmals anstechen

Nüsse in genügend klarem Wasser kurz kochen

Nüsse im Gewürzsud im verschlossenen Glas zwei Tage ziehen lassen

Nüsse im Gewürzsud köcheln lassen, bis sie mürbe sind, in Gläser füllen und verschließen

250 g Kandiszucker
2 Zimtstangen
8 Gewürznelken
2 EL Wacholderbeeren
2 Lorbeerblätter
2 Salbeiblätter
1/2 TL Thymian
1/2 TL gerebelter Rosmarin
20 ml Birnenbrand

Die Birnen waschen, Stiel, Blütenansatz und Schale nicht entfernen. Mit einem Spieß oder einer Nadel einige Male anstechen. Essig mit Rotwein, Zucker und Gewürzen in einem Topf zum Kochen bringen. Die vorbereiteten Birnen in den kochenden Sud einlegen und bei schwacher Hitze bißfest garen. Die Birnen mit einem Lochschöpfer aus dem Sud heben und dicht in vorbereitete Gläser schichten. Den Sud nochmals aufkochen und mit Birnenbrand verfeinern. Den Sud durch ein Sieb über die eingeschichteten Birnen gießen. Zimtstangen, Wacholderbeeren und Gewürznelken dekorativ in die gefüllten Gläser einlegen. Die Gläser verschließen und kühl und dunkel lagern. Die volle Geschmacksentwicklung ist nach ca. einem Monat gegeben.

Tip: Diese Birnen sind nicht nur eine köstliche, sondern auch eine äußerst dekorative Beilage zu Wildgerichten.

Senfzwetschken oder -Pflaumen

2000 g Zwetschken oder Pflaumen
350 ml Rotweinessig
350 ml vollmundiger Rotwein
350 g Gelierzucker
1–2 Zimtstangen
6 Gewürznelken
2 EL Senfkörner
1 TL Neugewürzkörner
evt. 2 Stück Sternanis
Saft und Schale einer ungespritzten Orange

Zwetschken waschen, entstielen und entsteinen. Beim Entsteinen nur eine Seite aufschneiden, damit die Hälften noch zusammenhängen. Die Zwetschken können auch im Ganzen verwendet werden. Dann müssen sie jedoch mit einer Nadel mehrmals angestochen werden. Essig mit Wein, Zucker sowie den Gewürzen zum Kochen bringen und die vorbereiteten Früchte einlegen. Bei schwacher Hitze ca. 3 Minuten garziehen (Die Zwetschken dürfen nicht zerkochen!).

Die Früchte mit einem Lochschöpfer aus dem Sud heben und in die vorbereiteten Gläser dicht einschichten. Den Sud nochmals einkochen lassen und fingerbreit über die Früchte gießen. Die Gläser verschließen, kühl und dunkel lagern. Die Früchte vor dem Verzehr ca. 3 Wochen durchziehen lassen.

Tip: Senfzwetschken sind eine ideale Ergänzung zu kräftigen Pasteten, deftigen Landterrinen und Bauernbrot. Die Zwetschken bzw. Pflaumen können auch durch Ringlotten ersetzt werden.

Marillen süss-sauer

2000 g feste Marillen
400 ml Weißweinessig
400 ml fruchtiger Weißwein
400 g Gelierzucker
Schale einer unbehandelten Zitrone
3 Stangen Zimt
1 EL Gewürznelken
1 Vanilleschote
evt. ein Zweig Zitronenthymian
40 ml Marillenbrand

Marillen waschen, entkernen und halbieren. Essig mit Weißwein, Zucker und den Gewürzen zum Kochen bringen. Die Marillenhälften einlegen und kurz bißfest garziehen lassen. Die Früchte mit einem Lochschöpfer aus dem Sud heben und dicht in Gläser schichten. Den Sud nochmals einkochen lassen, mit Marillenbrand verfeinern und fingerbreit über die eingeschichteten Marillen gießen. Sofort verschließen und kühl und dunkel lagern. Vor dem Verzehr mindestens 3 Wochen reifen lassen.

Tip: Anstelle von Marillen können nach dem gleichen Rezept auch Pfirsiche oder Nektarinen süß-sauer veredelt werden. Diese feine süß-saure Variation ist eine interessante Beilage zu geräuchertem Fisch bzw. geräuchertem Geflügel, z.B. Truthahn- oder Entenbrust, und Geflügelpasteten.

Pikante Beeren süss-sauer

2000 g feste Beeren (Waldbrombeeren, Heidelbeeren, Preiselbeeren, Stachelbeeren, Ribiseln, Jostabeeren, Holunderbeeren etc.)
600 ml Rotweinessig oder Beerenessig
200 ml Wasser oder fruchtiger Rotwein

500 g Gelierzucker
100 g Blütenhonig
2 Zimtstangen
1 EL Gewürznelken
6 Neugewürzkörner
2 Lorbeerblätter
20 ml passender Beerenbrand

Beeren verlesen, vorsichtig waschen und gut abtropfen lassen. Essig mit Wasser, Zucker, Honig und den Gewürzen zum Kochen bringen. Die Beeren einlegen und ganz kurz aufkochen lassen (ca. 1–2 Minuten). Mit einem Lochschöpfer aus dem Sud heben und in vorbereitete Gläser schichten. Den Sud einkochen bzw. reduzieren, den Beerenbrand beigeben und leicht überkühlt über die Beeren gießen. Verschließen und kühl und dunkel lagern. Nach ca. 2–3 Wochen sind die Beeren genußfertig.

Tip: Wer einen leicht karamelartigen Geschmack liebt, kann einen Teil des Zuckers leicht karamelisieren und anschließend mit Essig aufgießen. Der Zucker kann auch teilweise durch einen passenden Fruchtsirup ersetzt werden (z.B. süß-saure Ribiseln mit Ribiselsirup).

Schlehen süss-sauer

1500 g Schlehen
400 ml Apfelessig
100 ml Wasser
300 g Zucker
100 g Blütenhonig
1 Zimtstange
5 Gewürznelken
3 Neugewürzkörner
evt. 1 Muskatblüte

Die Früchte verlesen, waschen und trocken über Nacht einfrieren. Durch das Einfrieren verlieren die Schlehen (gilt auch für Vogelbeeren) den herben, leicht bitteren Geschmack. Den Zucker in einem breiten Topf leicht karamelisieren, mit Wasser und Essig ablöschen, die restlichen Zutaten beigeben und gut verkochen lassen. Dabei gut rühren, damit sich der karamelisierte Zucker vollständig auflöst. Nun die gefrorenen Schlehen in den kochenden Sud geben, aufkochen lassen und vom Herd ziehen. Das Ganze zugedeckt über Nacht durchziehen lassen. Am nächsten Tag die Beeren in Gläser füllen. Den Sud erhitzen und reduzieren lassen. Den eingedickten Sud heiß über die Beeren gießen und sofort verschließen. Bis zum Genuß mindestens 6 Wochen reifen lassen.

***Tip:** Süß-saure Wildfrüchte schmecken ausgezeichnet zu Wild und Wildgeflügel. Diese Rezeptur kann auch für weitere Wildfrüchte, wie Vogelbeeren, Hagebutten, Kornelkirschen usw., angewendet werden. Wer es pikanter liebt, fügt dem Sud noch 2 Lorbeerblätter, 2 EL Senfkörner und einige Wacholderbeeren sowie bunte Pfefferkörner bei.*

Grüne Walnüsse – süß-sauer eingelegt – sind eine Delikatesse, die es nicht zu kaufen gibt

OBST IN ALKOHOL

Eine der wohl köstlichsten und einfachsten Arten, Früchte haltbarzumachen, ist das Einlegen in Alkohol. „Beschwipste Früchte“ in Alkohol sind eine gelungene Verbindung zwischen sonnengereiften Früchten und hochwertigen Spirituosen, bei der wahrhaft „berauschende“ Kompositionen zustande kommen können. Wer einmal die feinen Früchte in Alkohol gekostet hat, ist davon begeistert und wird jedes Jahr einen Teil seiner Früchte auf diese Art einlegen. Haben Sie schon einmal Schokoladenmus mit Himbeeren im eigenen Geist, Walnußeisparfait mit Dörrpflaumen in Armagnac oder Wildschweinrücken im eigenen Saft mit beschwipsten Weichseln probiert? Der Klassiker unter den „geistigen“ Früchten ist der Rumtopf, der lange auf sich warten läßt, bis sein köstlicher Inhalt zum Genuß freigegeben wird. In einem schönen Glas dekorativ verpackt, sind Ihre Früchte in Alkohol für jeden Anlaß ein willkommenes Geschenk.

Das Prinzip des Einlegens in Alkohol

Alkohol hemmt weitgehend den Verderb der Früchte und hat in Verbindung mit Zucker eine stark keimtötende Wirkung. Je geringer der Alkoholgehalt, desto geringer ist die Haltbarkeit der eingelegten Früchte. Der Alkoholgehalt sollte mindestens 54 vol.% betragen.

Empfehlungen für die Praxis

Arbeitsgeräte und Gläser

- Es gelten hier grundsätzlich dieselben Regeln bzgl. Hygiene, Sauberkeit und Vorbereiten der Gläser wie bei der Konfitürenbereitung.
- Geeignete Gläser: Gläser mit Twist-off Verschluß (Drehverschluß), Gläser mit Bügelverschluß, Gläser ohne Deckel (Verschluß mit Cellophan), glasierte Steinguttöpfe mit oder ohne Deckel (Verschluß mit Cellophan) oder weithalsige dekorative Gläser und Flaschen in verschiedensten Variationen.

Obstauswahl

- Verwenden Sie zum Einlegen in Alkohol nur ausgereifte aromatische Früchte von erster Qualität. Die Früchte müssen makellos und fest sein. Es gilt die Regel, nur die schönsten Früchte sind gut genug.
- Zum Einlegen sind grundsätzlich alle Früchte geeignet. Wildfrüchte sind eher für die Likörbereitung empfehlenswert.

Vorbereiten des Obstes

- *Beerenobst:* Früchte verlesen und nur bei Verschmutzungen vorsichtig waschen. Himbeeren sollten nicht gewaschen werden.

- *Steinobst:* Große Früchte, wie z.B. Pfirsiche, Marillen und Pflaumen werden gewaschen, entkernt und halbiert oder in Spalten geschnitten. Pfirsiche, Nektarinen und Marillen werden vor dem Einlegen geschält. Dazu werden die ganzen Früchte an der Oberseite kreuzweise mit einem Messer eingeritzt. Anschließend in kochendem Zitronenwasser kurz blanchiert, damit sich die Haut besser löst. Die Früchte herausnehmen, kalt abschrecken und die Haut abziehen. Kleines Steinobst, z.B. Ringlotten, Zwetschken, Kirschen oder Weichseln, legt man im Ganzen ein und sticht sie mit einer Nadel mehrmals an, damit der Alkohol besser eindringen kann.
- *Kernobst:* Z.B. Äpfel, Birnen, Quitten werden gewaschen, geschält, entkernt und in Spalten bzw. mundgerechte Stücke geschnitten. Vor dem Einlegen noch kurz in Zitronenwasser blanchieren.
- *Trockenfrüchte:* Eignen sich sehr gut zum Einlegen in Alkohol. Vor dem Einlegen die Früchte über Nacht in den entsprechenden Alkohol legen, damit sie sich bis zu ihrem ursprünglichen Volumen vollsaugen können.
- *Gefrorene Früchte:* Sorgfältig eingefrorene Früchte eignen sich sehr gut zum Einlegen in Alkohol. Wurde beim Einfrieren Zucker verwendet, muß die beim Rezept angegebene Zuckermenge entsprechend reduziert werden. Die Früchte werden im gefrorenen bzw. leicht angetauten Zustand verarbeitet.

Einlegen in Alkohol

- Als Faustregel gilt: Auf 1000 g vorbereitetes Obst rechnet man 500 g bis max. 1000 g Zucker und 750–1000 ml Alkohol (mindestens 54 vol.%).
- Bei der Verwendung von 1000 g Obst : 1000 g Zucker ist die Haltbarkeit am besten gewährleistet, aber das Obst und die Einlegeflüssigkeit werden sehr süß.
- Geeigneter Zucker: Neben Haushaltszucker bzw. Kristallzucker können je nach Geschmack auch andere Süßungsmittel verwendet werden. Einen besonderen Geschmack erhalten Früchte in Geist, wenn weißer oder brauner Kandiszucker, Voll-, Braun-, Rohzucker oder verschiedene milde Blütenhonigarten verwendet werden.
- Für die Qualität des Endproduktes sind qualitativ hochwertige und hochprozentige Spirituosen entscheidend. Es sollte darauf geachtet werden, daß diese auf die Frucht abgestimmt sind. Früchte im „eigenen Geist“ verstärken das Fruchtaroma, z.B. Himbeeren im Himbeerbrand, Weichseln in Weichselbrand etc. Bei der Verwendung von anderen Spirituosen sollte darauf geachtet werden, daß Frucht und Brand miteinander harmonieren. Beispiele dafür wären: Muskattrauben in Cognac, Weichseln in Amaretto, Pflaumen in Whisky etc.
- Bei der Verwendung von Spirituosen mit niedrigem Alkoholgehalt (unter 54 vol.%) kann der Alkoholgehalt durch den Zusatz von Weingeist (96 vol.%) oder 80vol.%igem Rum erhöht werden. Damit ist die Haltbarkeit wieder gewährleistet.
- Geschmackszutaten und Gewürze: z.B. Zimtstangen, Gewürznelken, Sternanis, Vanilleschoten, Ingwer, kandierte Früchte, frische Kräuter wie Minze- oder Melissearten.
- Für das Einlegen in Alkohol gibt es je nach Fruchtart und Rezept 2 Methoden.

- *Methode I:* Die vorbereiteten, gut abgetropften Früchte (meist Beerenfrüchte) mit der entsprechenden Menge Zucker vermischen und zugedeckt 1–2 Stunden durchziehen lassen, bis der Zucker sich gelöst hat. Die Früchte mit dem Saft in die vorbereiteten Gläser füllen, mit Alkohol fingerbreit übergießen und verschließen.
- *Methode II:* Diese Methode wird für festere Früchte, wie z.B Birnen, Marillen etc., angewandt. Die vorbereiteten, gut abgetropften Früchte in der kochenden Zuckerwasserlösung mit den Gewürzen kurz blanchieren. Die Früchte in Gläser schichten. Anschließend die überkühlte Zuckerlösung mit dem Alkohol über die Früchte gießen und verschließen.

Aufbewahrung und Lagerung

- Die Haltbarkeit ist von Alkohol- und Zuckergehalt abhängig und beträgt zwischen drei Monaten und einem Jahr.
- Vor der Entnahme müssen die Früchte 3–4 Wochen reifen, damit sie ihr volles Aroma entfalten können.
- Bei der Fruchtentnahme darf nur ein völlig sauberer Löffel oder Schöpfer verwendet werden. Die restlichen Früchte müssen gut mit Alkohol bedeckt sein. Bei Bedarf mit Alkohol aufgießen.
- Kühl und dunkel lagern.
- Die übriggebliebene Einlegeflüssigkeit eignet sich ausgezeichnet zum Verfeinern verschiedener Desserts; in Karaffen gefüllt, schmeckt sie auch köstlich als Likör.

Ansetzen eines Rumtopfes

Wenn die Erdbeeren reifen, sollten Sie daran denken, den Rumtopf hervorzuholen – die Rumtopfsaison ist eröffnet! Das Ansetzen von Früchten im Rumtopf kann auf eine lange Tradition zurückblicken. Schon seit Generationen füllt man diesen im Laufe eines Sommers nach und nach mit den heranreifenden Früchten, Zucker und Rum, um den köstlichen Inhalt in der Winterzeit zu genießen. Rumtopffrüchte schmecken nicht nur pur mit Zimtobers gut, sondern eignen sich auch wunderbar zum Verfeinern von Eis, Puddings, Joghurt- und Topfendesserts, zu warmen Mehlspeisen oder – mit Sekt aufgegossen – als Willkommensdrink.

So wird's gemacht!

- Beim Herstellen eines Rumtopfes gelten grundsätzlich die gleichen Empfehlungen wie für das Einlegen in Alkohol.
- Neben den Original-Rumtopfgefäßen eignen sich auch Porzellan- oder Steinguttöpfe mit 3–5 Liter Inhalt oder große Gläser. Glas mit Papier umhüllen, damit die Früchte vor Licht geschützt sind.
- Für den Start des Rumtopfes rechnet man auf 500 g Früchte (Erdbeeren) 500 g Zucker und ca. 750 ml 54%igen Rum.

- Die Früchte werden mit Zucker in einer Schüssel vermischt und ca. 1Stunde stehengelassen, bis der Zucker sich auflöst. Nun gibt man die Früchte mit dem Saft in den vorbereiteten Rumtopf und übergießt das Ganze mit Rum.
- Der Rum muß mindestens 2 cm über den Früchten stehen. Schwimmen Früchte obenauf, empfiehlt es sich, diese mit einem umgedrehten Porzellanteller zu beschweren.
- Weiter geht es im Rumtopffahrplan mit den jeweiligen Früchten der Saison. Auf je 500 g Früchte rechnet man ab der zweiten Früchtelage nur mehr 250 g Zucker. Die Früchte wieder mit Zucker vermischen, ziehen lassen, in den Rumtopf geben und mit so viel Rum aufgießen, daß die Flüssigkeit fingerbreit über der letzten Lage Früchte steht.
- Bei der Verwendung von Kandiszucker oder Blütenhonig müssen diese vorher in Rum aufgelöst werden.
- Die Früchte werden meist roh in den Topf gegeben. Harte Früchte wie z.B. Birnen können evt. kurz blanchiert werden.
- Von Juni bis November wird dieser Vorgang mit den jeweiligen reifen Früchten wiederholt.
- Nach jeder neuen Füllung muß der Topf mit dem entsprechenden Deckel oder mit einer doppelten Lage Cellophan gut verschlossen werden. Immer kühl und dunkel lagern.
- Werfen Sie regelmäßig einen Blick in Ihren Rumtopf, um zu kontrollieren, ob die Früchte gut mit Rum bedeckt sind und der Inhalt nicht zu gären (Bläschenbildung) beginnt.
- Falls die Früchte zu gären beginnen, kann man bei rechtzeitigem Einschreiten mit einem Schuß 96%igen Alkohol (Weingeist) Abhilfe schaffen.
- Bei heftiger Gärung mit Schaumbildung ist der Inhalt nicht mehr genießbar und muß weggeworfen werden.
- Etwa 4 Wochen nach der letzten Fruchteinlage, meist zu Beginn der Adventzeit, sind die Rumfrüchte genußbereit.
- Rumtopffrüchte büßen während der Reifezeit leider an Farbe und Aussehen ein. D.h., alle Früchte haben die gleiche braunrote Farbe. Doch der einzigartige Genuß läßt diesen kleinen Schönheitsfehler vergessen.
- Sollte der Inhalt des Rumtopfes nach der ersten Kostprobe stark geschrumpft sein, so können Sie den fehlenden Inhalt mit Trockenfrüchten (Dörrpflaumen, Marillen etc.) oder eingefrorenen Früchten auffüllen.
- Die Früchte im Rumtopf sind sicherlich bis zur nächsten Erdbeerernte haltbar (wenn er nicht schon vorher geleert wurde).

Rumtopffrüchte, mit Zimtobers serviert, sind ein traditionelles Dessert zur Weihnachtszeit

Rumtopf-Früchtekalender

Der nachfolgende Kalender soll als Anregung dienen und kann nach persönlichen Vorlieben verändert werden.

Mai/Juni: Erdbeeren, Kirschen
Juli: Weichseln, Marillen, Ribiseln, Jostabeeren, Stachelbeeren, Pfirsiche, Himbeeren
August: Brombeeren, Ringlotten, Honigmelonen
September: Birnen, Trauben, Zwetschken
Oktober: frische Ananas, Mandarinen
November, Dezember: Trockenfrüchte, z.B. Dörrpflaumen, Trockenmarillen

Der Erntezeitpunkt kann sich je nach Witterung verschieben.

REZEPTE

Himbeeren in Himbeerbrand

500 g Himbeeren
400 g Zucker
100 ml Wasser
300 ml Himbeerbrand
1 Vanilleschote

Himbeeren verlesen und zusammen mit aufgeschnittenen, ca. 1 cm langen Vanilleschotenstücken in ein vorbereitetes Glas schichten. Zucker in kochendem Wasser auflösen und überkühlt über die Früchte gießen. Mit Himbeerbrand auffüllen und verschließen. Vor dem Verzehr ca. 3 Wochen durchziehen lassen.

Tip: Mit demselben Grundrezept können Sie Heidelbeeren in Heidelbeerbrand, Brombeeren in Brombeerbrand oder Erdbeeren in Erdbeerbrand zubereiten.

Marillen in Marillenbrand

1000 g Marillen (feste)
500 g Zucker
100 ml fruchtiger Weißwein
500 ml Marillenbrand
Schale einer unbehandelten Zitrone
evt. 1 Vanilleschote

Marillen waschen, halbieren, entsteinen und in die vorbereiteten Gläser schichten. Die Zitronenschale in feine Streifen schneiden und zu den Marillen geben. Je nach Wunsch können die Marillen auch geschält werden. Zucker in heißem Weißwein auflösen und überkühlt über die Früchte gießen. Mit Marillenbrand auffüllen und verschließen. Vor dem Verzehr 4 Wochen reifen lassen.

Tip: Besonders schön wirken die Marillenhälften, wenn man sie mit in Weißwein blanchierten Kirschen oder Preiselbeeren füllt. Anstelle von Marillen können auch Pfirsiche oder Nektarinen in Maraschino oder Orangenlikör etc. eingelegt werden.

Herzkirschen in Mandellikör

1500 g Herzkirschen (groß und festfleischig)
750 g Braun- oder Vollzucker
Saft einer Zitrone
300 ml Mandellikör (Amaretto)
300 ml Rum (54 vol.%)

Die Kirschen waschen, entstielen und abtropfen lassen. Mit einer Nadel einige Male einstechen und in vorbereitete Gläser schichten. Zucker in Alkohol und Zitronensaft auflösen, über die Früchte im Glas gießen und verschließen. Vor dem Verzehr noch 4 Wochen reifen lassen.

Tip: Herzkirschen können auch durch Weichseln ersetzt werden. Sehr dekorativ wirken die Kirschen, wenn die Hälfte des Stieles daran bleibt. Evt. einige geschälte Mandeln ins Glas geben.

Gewürzpflaumen in Honigwein

1500 g Pflaumen
750 g brauner Kandiszucker
Saft und Schale einer unbehandelten Orange
2 Stangen Zimt
10 Gewürznelken
evt. Sternanis
750 ml Honigwein (Met)
250 ml Rum (80 vol.%)

Pflaumen waschen, entstielen, abtropfen lassen und mit einer Nadel einige Male anstechen. Honigwein mit Gewürzen, Orangensaft und -schale sowie Kandis erhitzen, bis dieser vollständig aufgelöst ist. Den Honigweinsud überkühlen und den Rum beifügen. Pflaumen mit den Gewürzen in Gläser schichten und mit dem Sud übergießen. Die Gläser verschlossen mindestens 4 Wochen reifen lassen.

Tip: Diese Spezialität schmeckt auch köstlich mit Dörrpflaumen oder -zwetschken. Zucker kann teilweise durch Blütenhonig ersetzt werden.
Serviertip: Etwas Einlegeflüssigkeit erwärmen, mit einer eingelegten Frucht in einem Kelchglas, mit Schlagobershäubchen und Zimt bestreut, servieren.

„Beschwipste" Hauszwetschken

1000 g Hauszwetschken
500 ml vollmundiger Rotwein
125 ml Wasser
100 ml Zwetschkenbrand
500 g Kandiszucker
3 EL Honig
1 Stange Zimt
4 Stück Sternanis
8 Gewürznelken

Zwetschken waschen, entstielen, entkernen und dabei nur auf einer Seite einschneiden, damit die Früchte nicht auseinanderfallen. Die einzelnen Früchte jeweils zusammenklappen und in vorbereitete Gläser schichten. Rotwein mit Wasser, Zucker, Gewürzen und Honig zum Kochen bringen und so lange köcheln lassen, bis sich der Zucker vollständig aufgelöst hat. Den überkühlten Sud über die Früchte gießen, die Gewürze auf die Gläser verteilen und mit Zwetschkenbrand auffüllen. Die Hauszwetschken bis zum Genuß 4 Wochen reifen lassen.

Tip: Ein nettes Mitbringsel, speziell für Herren. Den Stein der entkernten Zwetschken kann man auch durch Rosinen, kleine getrocknete Kirschen oder geschälte Mandeln ersetzen.

Trauben in Grappa

500 g grüne Trauben
500 g blaue Trauben
600 g Zucker
250 ml Weißwein
500 ml Grappa (Tresterbrand)

Trauben waschen, abtrocknen und von den Stielen zupfen, mit einer Nadel 1–2 mal anstechen und in Gläser schichten. Zucker in erwärmtem Weißwein auflösen und überkühlt über die Trauben gießen. Mit Grappa auffüllen und verschließen. Vor dem Verzehr noch 4 Wochen durchziehen lassen.

Tip: Für eine gute Qualität des Endproduktes sind unbedingt süße Trauben erforderlich. Kernlose Trauben sind beim Genuß angenehmer.

FRUCHTLIKÖRE UND ANSATZSCHNÄPSE

Es gibt viele gute Gründe, die süßen Früchte des Sommers in edle geistige Getränke einzufangen. Mit selbstgemachten Likören haben Sie immer ein originelles Geschenk und einen besonderen Tropfen für Ihre Gäste. Mit Früchten aus dem eigenen Garten und Wildfrüchten lassen sich raffinierte geistige Kompositionen herstellen. Der nachfolgende Rezeptteil soll Sie zum Ausprobieren und Experimentieren anregen. Welches „Schnapserl" sich zu Ihrer speziellen Hausmarke entwickelt, hängt alleine von Ihren persönlichen Geschmacksvorlieben ab. Wir wünschen Ihnen viel Spaß beim Ausprobieren und gutes Gelingen. Zum Wohle!

Empfehlungen für die Praxis

Obstauswahl

- Verwenden Sie nur unbehandelte, voll ausgereifte und frische Früchte.
- Tiefgefrorenes Obst kann zwar verwendet werden, jedoch geben frische Früchte viel mehr Fruchtaroma an den Alkohol ab.
- Zur Likörbereitung sind vor allem Früchte mit hohem Zuckergehalt und nicht zu geringem Säuregehalt geeignet.

Auswahl des Ansatzalkohols

- Ideal sind neutral schmeckende Spirituosen, wie z.B. Korn, Wodka oder guter Obstbrand. Brände mit intensivem Aroma und Eigengeschmack überdecken leicht das eigentliche Fruchtaroma.
- „Billige" scharfe Schnäpse sollten nicht verwendet werden, da sie das Fruchtaroma verfälschen.
- Der Alkoholgehalt der verwendeten Brände sollte nicht unter 40 vol.% liegen. Je höher der Alkoholgehalt, desto besser ist die Haltbarkeit des Likörs.
- Zum Auslaugen der Früchte werden oft auch hochprozentige Alkoholika wie z.B. 96%iger Weingeist (in der Apotheke erhältlich) verwendet. Mit Weingeist hergestellte Ansatzschnäpse oder Liköre werden mit destilliertem bzw. enthärtetem Wasser auf Trinkstärke verdünnt. Wird Leitungswasser zum Verdünnen verwendet, so kann es passieren, daß der fertige Likör Trübungen aufweist.
- Bei feinen Beerenlikören (z.B. Himbeerlikör) erzielt man mit Weinbrand oder Cognac sehr harmonische Fruchtliköre mit rundem Geschmack.
- Cognac, Weinbrand, Rum, Armagnac oder Wein wird in geringen Mengen gerne zur Verfeinerung und Geschmacksabrundung beigegeben.

Zuckerzugabe

- Die entsprechende Zuckerbeigabe ist stark von der Fruchtart und dem Reifegrad der verwendeten Früchte abhängig. Die Zuckermenge kann nach persönlichen „Süßungsvorlieben" individuell abgeändert und beigegeben werden.

- Zucker kann sofort zum Ansatz oder erst danach gegeben werden.
- Wenn das Süßungsmittel gleich zu Beginn zugesetzt wird, ist es empfehlenswert, die Menge eher vorsichtig zu dosieren, denn nachgesüßt kann noch immer werden.
- Da sich Zucker in hochprozentigem Alkohol eher schlecht löst, sollte er vor der Beigabe in etwas Fruchtsaft, gutem Weiß- oder Rotwein oder destilliertem Wasser gelöst werden.
- Neben Haushaltszucker können zur besonderen Geschmacksabrundung auch weißer oder brauner Kandiszucker, Voll- oder Braunzucker oder auch Honig verwendet werden.
- Für Diabetikerlikör verwendet man Sorbit oder Fruchtzucker.

Geschmacksverfeinernde Zutaten

- Gewürze (Vanilleschote, Zimt, Nelken, Sternanis etc.) und Aromen (Zitronen- oder Orangenschale, Orangenblüten etc.) können bei der Likörherstellung individuell beigegeben werden. Gerade bei Fruchtlikören gilt der Grundsatz: *Weniger ist mehr!* Denn sehr intensive Gewürze, wie z.B. Sternanis oder Koriander, übertönen den Geschmack sehr leicht, und das eigentliche Fruchtaroma schmeckt man nur im Hintergrund.
- Gewürze werden gleich zum Ansatz gegeben oder man kocht sie in etwas Flüssigkeit (Wein, Wasser, Fruchtsaft) meist zusammen mit Zucker. Dieser Gewürzsud wird dann kalt zum Likör gegeben.

Möglichkeiten der Fruchtlikörherstellung

- Fruchtliköre können auf zwei verschiedene Arten hergestellt werden. Eine altbewährte und hauptsächlich im Haushalt angewandte Methode ist der Ansatzlikör.
- *Methode I-Ansatzlikör:* Bei dieser Methode laugt der Alkohol die Aromastoffe aus den Früchten. Die Früchte werden meist grobzerkleinert in ein großes Glas oder in eine weithalsige Flasche gefüllt und mit dem entsprechenden Alkohol übergossen. Auf 1000 g Früchte rechnet man 1–2 Liter hochprozentigen Alkohol. Je nach Fruchtart und Rezept können Gewürze und evt. Kräuter zum Ansatz gegeben werden. Zucker wird nach Geschmack beigegeben (gleich zum Ansatz oder zum fertigen Produkt). Sollte der Ansatzschnaps zu stark sein, kann man mit destilliertem Wasser auf die gewünschte Trinkstärke verdünnen. Nun läßt man den Ansatz an einem warmen Ort reifen. Durch die leichte Erwärmung des Alkohols werden die Früchte schneller ausgelaugt. Die Reifezeit beträgt 1–2 Monate. In Rezepturen wird oft angeben, daß der Ansatz in der Sonne reifen muß. Gerade bei Fruchtlikören ist es aber empfehlenswert, diese nicht in die direkte Sonne zu stellen, da die Farbe leicht unansehnlich und evt. bräunlich wird. Der ausgelaugte Ansatz wird nach der Reifezeit gefiltert (z.B. mit Kaffeefilter), mit einem Trichter in dekorative Flaschen gefüllt und verschlossen.
- *Methode II-Fruchtsaftlikör:* Wie der Name schon sagt, wird hier Fruchtsaft zur Likörbereitung verwendet. Der Saft wird mit Alkohol, Zucker und evt. Gewürzen versetzt und in Flaschen gefüllt. Auf 1 Liter Fruchtsaft rechnet man 1–2 Liter hochprozentigen Alkohol. Der Zucker wird meist gleich im Fruchtsaft aufgelöst. Frisch gepreßte Obstsäfte sind für die Li-

körbereitung besser geeignet, da sie ein intensiveres Fruchtaroma als gekochte Säfte haben. Bis zum Genuß sollte auch der Fruchtsaftlikör einige Wochen reifen.

Fertigstellung

- Der fertige Likör wird vor dem Abfüllen gefiltert (z.B. durch Kaffeefilter) oder durch ein mit einem Tuch ausgelegtes Haarsieb geseiht.
- Anschließend mit einem Trichter in formschöne Flaschen oder Karaffen füllen.
- Die verschlossenen Flaschen sollten bis zum Genuß noch einige Wochen ruhen, damit sich das Aroma und der Geschmack voll entfalten können. Für viele Liköre gilt: Je älter, desto besser!
- Fruchtrückstände lassen sich wunderbar zum Verfeinern für Eis, Fruchtsaucen und Desserts verwenden.

REZEPTE

Walnussgeist oder „Nusserner“

8–10 frische grüne Walnüsse mit Schale (um die Sonnenwende geerntet)
1000 ml Korn oder Obstbrand
1 Zimtstange
5 Gewürznelken
2 Stück Sternanis
1 Prise getrockneter Ingwer
Schale einer halben unbehandelten Orange
1/2 Vanilleschote
eine Prise Muskatnuß oder Muskatblüte
150–500 g Kandiszucker (Menge je nach Geschmack)
evt. destilliertes Wasser zum Verdünnen

Die noch weichen Nüsse waschen, trocknen und vierteln. Mit den Gewürzen, Zucker und Alkohol in ein weithalsiges Gefäß geben. Gut verschlossen an einem sonnigen Platz stehen lassen, zwischendurch leicht schütteln, damit sich der Zucker auflöst. Nach ca. 6 Wochen hat der Nußgeist eine schöne dunkelbraune bis fast schwarze Farbe. Nun wird der Likör gefiltert und evt. mit destilliertem Wasser verdünnt. In vorbereitete Flaschen füllen und bis zum ersten Genuß ca. 3 Monate lagern.

Tip: Nußgeist wird gerne bei Völlegefühl nach einem deftigen Essen als „Verdauungsschnapserl“ getrunken.

Verschiedene Wildfrüchte, in Korn angesetzt, ergeben einen wunderbaren Likör

Orangenlikör ist auch im Glas ein dekoratives Geschenk

Hausgemacht schmeckt's doch am besten!

Liköre beeindrucken in schönen Karaffen

WEICHSEL-NUSS-LIKÖR

600–700 g Weichseln (entkernt)
1000 ml Korn
4–5 grüne Walnüsse
1/2 unbehandelte Orange
125 ml Rotwein
100–200 g Kandiszucker

Die entkernten Weichseln in ein großes Glas füllen und mit Korn übergießen. Diesen Erstansatz läßt man nun ca. 10 Tage stehen. Nun geviertelte Walnüsse und in Spalten geschnittene Orange (mit Schale) beigeben und nochmals ca. 10 Tage reifen lassen. Nach der zweiten Reifezeit wird der Ansatz gefiltert. Rotwein aufkochen und den Kandiszucker darin auflösen. Die überkühlte Rotwein-Zucker-Lösung zum Ansatz geben und bis zum ersten Genuß noch mindestens 3 Monate reifen lassen.

Tip: Die Nüsse werden erst zum zweiten Ansatz gegeben, damit sie das Weichselaroma nicht überdecken. Köstliche „geistreiche" Variationen sind auch: Himbeer-Nuß-Likör oder Kirschen-Nuß-Likör.

APFELKORN

1000 ml frisch gepreßter Apfelsaft (aus säuerlichen, aromatischen und evt. noch leicht unreifen Äpfeln)
1000 ml Apfelbrand oder Korn

Apfelsaft mit Korn aufgießen und an einem warmen Ort ca. 3 Wochen durchziehen lassen. Den Apfelkorn filtern und in schöne Flaschen füllen. Ist der Geschmack zu intensiv bzw. zu süß, kann noch mit Korn verdünnt werden. Im umgekehrten Fall kann mit etwas Apfelsaft korrigiert werden.

Tip: Fertiger Apfelkorn weist eine schöne goldgelbe Farbe auf.

HAGEBUTTENLIKÖR

1000 g Hagebutten (nach dem ersten Frost geerntet)
1500 ml Korn oder evt. Weinbrand
100–350 g Zucker oder weißer Kandis (Menge je nach Geschmack)
4 Gewürznelken
Schale einer halben unbehandelten Orange und Zitrone

Hagebutten von Stengel und Fruchtansatz befreien, mit Zucker in einer Schüssel vermischen und über Nacht durchziehen lassen, damit sich der Zucker auflöst. Am nächsten Tag die Frucht-Zucker-Mischung in ein geeignetes Gefäß füllen, Gewürze beigeben und mit Korn oder Weinbrand auffüllen. Das verschlossene Gefäß an einem warmen Ort ca. 2 Monate reifen lassen. Anschließend den Likör filtern und in vorbereitete Flaschen oder Karaffen füllen. Vor dem ersten Genuß sollte der Hagebuttenlikör nochmals ca. 4 Wochen reifen.

Tip: Nach diesem Grundrezept können Sie auch mit anderen Wildfrüchten, wie z.B. Vogelbeeren, Berberitzen, Sanddorn, Preiselbeeren, Holunderbeeren etc., Liköre zubereiten. Gewürze können je nach Geschmack individuell abgeändert werden. Kandiszucker und einige EL Honig, in etwas Rotwein aufgelöst, geben Likören aus Wildfrüchten einen besonders runden Geschmack.

Schlehenlikör

1000 g Schlehen (nach dem ersten Frost geerntet)
1500 ml Korn oder Gin
200–600 g Kandiszucker
1 Vanilleschote
1 Prise frisch geriebener Muskat
Schale einer unbehandelten Orange

Schlehen gründlich waschen, abtropfen und etwas zerdrücken. Zerstoßenen Kandiszucker beigeben und über Nacht durchziehen lassen, damit sich der Zucker leicht auflöst. Dann das Schlehen-Zucker-Gemisch mit den Gewürzen in ein großes Glas geben und mit Alkohol übergießen. An einem warmen Platz ca. 6–8 Wochen stehen lassen, dabei mehrmals schütteln. Den Schlehenlikör filtern und in vorbereitete Flaschen füllen. Bis zum ersten Genuß noch einige Wochen reifen lassen.

Tip: Kandiszucker läßt sich leicht zerstoßen, wenn er in ein Tuch gegeben und mit einem Fleischklopfer oder Nudelholz bearbeitet wird. Schlehen, die vor dem Frost (Ende Oktober bis Anfang November) geerntet werden, sollte man über Nacht einfrieren, damit der herb-bittere Geschmack gemildert wird.

Quittenlikör

1000 ml Quittensaft
1500 ml Korn oder Weinbrand
150–500 g Zucker (Menge je nach Geschmack)
Schale einer unbehandelten Orange

Zucker unter Rühren im Quittensaft auflösen und zusammen mit der Orangenschale in ein passendes Gefäß füllen. Mit Korn oder Weinbrand auffüllen und verschlossen ca. 2 Monate an einem warmen Ort stehen lassen. Likör filtern und in Flaschen füllen. Bis zum Genuß noch 2–3 Monate reifen lassen.

Tip: Als außergewöhnliche Variante kann man dem Ansatz 1 TL Korianderkörner beifügen.

Feiner Waldhimbeerlikör

1000 g Waldhimbeeren
1500 ml Korn oder Wodka
200–500 g Zucker (Menge je nach Geschmack)
einige Himbeerblätter (frisch oder getrocknet)
1 Vanilleschote
1 Zimtstange
4 Gewürznelken
Saft und Schale einer unbehandelten Zitrone

Himbeeren sorgfältig verlesen, mit Zucker und Zitronensaft vermischen und zugedeckt über Nacht an einem kühlen Ort stehen lassen, damit sich der Zucker auflöst. Dann die Frucht-Zucker-Mischung mit den restlichen Zutaten in ein geeignetes Gefäß füllen. Verschlossen 1 Monat durchziehen lassen und regelmäßig gut schütteln. Likör filtern, in schöne Flaschen füllen und vor dem Genuß noch ca. 1 Woche reifen lassen.

Tip: Nach demselben Grundrezept können auch andere Beerenliköre (z.B. Waldbrombeeren, Heidelbeeren, Schwarze Ribiseln, Jostabeeren) zubereitet werden. Die Geschmackszutaten können dabei individuell abgeändert werden. Auch entkernte Weichseln oder Kirschen können nach diesem Rezept zusätzlich mit 5–10 geschälten ganzen Mandeln und etwas Rotwein zu feinen Likören angesetzt werden.

Erdbeerlikör

1000 ml frischer Erdbeersaft
500–1500 g Zucker (Menge je nach Geschmack)
1500 ml Korn oder Obstbrand
evt. 1 Vanilleschote

Erdbeersaft mit Zucker vermischen und so lange rühren, bis der Zucker vollständig aufgelöst ist. Alkohol sowie evt. Vanilleschote beigeben und 4 Wochen reifen lassen. In Flaschen abfüllen und verschließen. Bis zum Genuß noch ca. 2 Wochen durchziehen lassen.

Schön verpackt, eignet sich Selbstgemachtes bestens als „Mitbringsel“

Das Ergebnis einer Obstsaison!

Tip: Erdbeerlikör, mit etwas Sekt aufgegossen, schmeckt köstlich als Willkommensdrink an einem lauen Sommerabend. Anstelle von Erdbeeren können auch Himbeeren, Kirschen, Weichseln, Ribiseln oder Jostabeeren verwendet werden.

Orangenlikör

1 schöne unbehandelte Orange
4–6 Gewürznelken
1 Vanilleschote
evt. 1 Zimtstange
100–250 g Kandiszucker (Menge je nach Geschmack)
ca. 700 ml Korn

Orange mit heißem Wasser gründlich waschen, abtrocknen und mit den Nelken spicken. Kandiszucker, vorbereitete Orange und aufgeschnittene Vanilleschote in ein weithalsiges Glas geben und mit Korn auffüllen. Die Orange muß vollständig mit Korn bedeckt sein. Falls die Orange aufsteigt, evt. mit einer Zimtstange abklemmen. Das Glas verschließen und den Likör 3–4 Wochen reifen lassen. In der Zwischenzeit immer wieder leicht schütteln, damit sich der Kandiszucker leichter auflöst. Nach der Reifezeit die Orange entfernen, den Likör filtern und in Flaschen abfüllen.

Tip: Ein besonders attraktives Geschenk ist dieser Likör, wenn er in einem dekorativen Glas verschenkt wird. Zur „Verschönerung" kann die Orange mit einem Linolmesser eingeritzt werden. Besitzer eines Zwergorangenbäumchens können diesen Likör auch mit den „kleinen Schwestern" der Orange ausprobieren.

Marillenlikör aus getrockneten Früchten

200 g getrocknete Marillen (ungeschwefelt)
500 ml Weingeist
500 ml fruchtiger Weißwein
100–200 g Zucker
Saft und Schale einer unbehandelten Orange
ca. 500 ml destilliertes Wasser

Marillen in Streifen oder Stücke schneiden und in ein großes Glas geben. Weißwein mit Orangensaft und -schale sowie Zucker kurz aufkochen und kalt über die Früchte gießen. Mit Weingeist auffüllen und ca. 6–8 Wochen an einem warmen Ort durchziehen lassen. Mit destilliertem Wasser verdünnen, filtern, in Flaschen füllen und noch weitere 4 Wochen reifen lassen.

Tip: Nach demselben Rezept können Sie auch Dörrzwetschkenlikör mit Zwetsckenbrand zubereiten. Die eingelegten Trockenfrüchte schmecken mit Schokolade überzogen köstlich.

FRUCHTAROMAESSIGE

Der Phantasie sind bei der Zubereitung von Fruchtaromaessigen fast keine Grenzen gesetzt. Sie sind einfach und rasch zubereitet, aber in Geschmack und Aussehen sehr wirkungsvoll. Der Essig zieht das typische Aroma der jeweiligen Frucht leicht an und ergibt so ein äußerst fruchtig-pikantes Würzmittel, das in keiner Küche fehlen sollte. Durch ein kleines Sortiment an selbstgemachten Aromaessigen bringen Sie in Ihre Salate eine Vielfalt an Geschmacksnuancen und frischen Schwung. In fast allen Rezepten kann anstelle von Handelsessig Ihr persönlich zusammengestellter Aromaessig verwendet werden. Voraussetzung ist die geschmackliche Harmonie mit dem jeweiligen Gericht. Diese hausgemachten Spezialitäten sind ein besonderes Geschenk für Freunde gepflegten Essens und guter Küche.

Empfehlungen für die Praxis

Obstauswahl

- Verwenden Sie nur sonnengereifte, vollaromatische Früchte der Saison.
- Besonders geeignet sind Beerenfrüchte wie z.B.: Him-, Erd-, Heidel-, Preisel-, Brom-, Stachelbeeren, Ribiseln (Rot und Schwarz).
- Vom Steinobst eignen sich besonders Weichseln, Kirschen und Pflaumen.
- Bei Kernobst können Äpfel, Birnen oder Quitten verwendet werden.
- Auch sorgfältig eingefrorenes Obst ist zum Ansetzen von Fruchtaromaessigen geeignet.

Essigauswahl

- Als Basis verwendet man klare, geschmacksneutrale Essige wie z.B. Apfel- oder Obstessig und Weinessig (Weiß-, Rot- oder Roseèssig) von bester Qualität. Nur ein guter Essig ergibt ein edles Endprodukt!
- Der Säuregehalt des Essigs sollte mindestens 5% (am besten 7%) betragen.

Geschmacksverfeinernde Zutaten

- Je nach Fruchtart und weiterer Verwendung eignen sich folgende Gewürze: Zimtstangen, Gewürznelken, Senfkörner, bunte Pfefferkörner, Wacholderbeeren, Neugewürzkörner, Korianderkörner, Muskatblüte etc.
- Als zusätzliche Aromen werden gerne Orangen- bzw. Zitronenschalen und -scheiben sowie Honig zur Geschmacksabrundung verwendet.
- Frische Kräuter, z.B. Zitronen- oder Orangenthymian, Basilikum, Rosmarin, Lorbeer, Zitronenmelisse etc., müssen mit der Frucht harmonieren und dürfen nur dezent beigegeben werden.

Ansetzen von Aromaessigen

- Die Früchte werden im Ganzen (hauptsächlich Beeren) oder grob zerkleinert mit den Gewürzen in ein geeignetes Ansatzgefäß (großes Glas, weithalsige Flaschen) gegeben, mit dem

Essig übergossen und zugedeckt bzw. verschlossen. Faustregel: Auf 1 Liter Essig rechnet man 250–300 g Früchte.
- Die Reifezeit beträgt je nach Fruchtart ca. 2–5 Wochen.
- Eine Variante für Eilige: Den Essig mit den Gewürzen aufkochen und etwas überkühlt über die Früchte gießen; zugedeckt 1–2 Wochen reifen lassen.
- Während der Reifezeit das Gefäß zur rascheren Aromaentwicklung öfters schütteln.

Fertigstellen

- Den Fruchtessigansatz filtern (Kaffeefilter) und in die vorbereiteten Flaschen füllen.
- Zur Dekoration können Früchte und Gewürze im Essig belassen werden.

Lagerung

- Der ideale Aufbewahrungsort ist dunkel und kühl. Bei zu warmer Lagerung kann der Essig zu gären beginnen und ist für Speisezwecke nicht mehr verwendbar.
- Je nach Säuregehalt des Essigs beträgt die Haltbarkeit 1–2 Jahre.
- Nach einiger Zeit können sich am Boden leichte Trübungen bilden (Bodensatz), diese beeinträchtigen Qualität und Geschmack jedoch nicht. Wer die Trübung als störend empfindet, kann den Essig nochmals filtern.

REZEPTE

Himbeeressig

250–300 g Himbeeren
1000 ml Apfel- oder Weinessig

Himbeeren mit einer Gabel oder der Küchenmaschine zerkleinern. Den Essig in einem säurefesten Topf aufkochen und kurz (1–2 Minuten) kochen lassen. Vom Herd nehmen und auf ca. 40° C abkühlen lassen. Vorbereitete Himbeeren in ein großes Schraubglas oder in eine Glasschüssel geben, mit Essig übergießen und gut durchmischen. Mit einem sauberen Tuch abdecken und 10–14 Tage durchziehen lassen, dabei gelegentlich umrühren. Den fertigen Essig filtern und in saubere Flaschen füllen.

Tip: Himbeeressig ist ein Geheimtip zum Verfeinern von Blattsalaten, Fischgerichten und Tomatensauce. Als Variation kann auch Waldhimbeeressig mit Zitronenthymian zubereitet werden. Dafür gibt man einige schöne Zitronenthymianzweige in eine dekorative Flasche und füllt diese mit fertigem Waldhimbeeressig auf. Als optischen Blickfang kann man die Zitronenthymianzweige mit einer dünnen Zitronenspirale vorsichtig zusammenbinden.

Sorgfältig verlesene Stachelbeeren in Essig ansetzen

Stachelbeeren am Holzspieß sowie frische Kräuter und Gewürze wirken dekorativ in der Flasche

Himbeeressig paßt wunderbar zu Blattsalaten

Heidelbeeressig mit Rosmarin und Orangen

200 g Heidelbeeren
1000 ml Rotweinessig
einige schöne Rosmarinzweige
1 halbe unbehandelte Orange

Heidelbeeren zerdrücken, in ein großes Glas geben und mit Essig übergießen. Nach 2 Wochen Reifezeit den Essig filtern. Orange gut waschen und in Scheiben schneiden (evt. halbieren oder vierteln, je nach Größe des Glases). Nun die vorbereiteten Orangenscheiben vorsichtig auf die Rosmarinzweige aufstecken. In jede Flasche (weithalsig oder hohes Glas mit Verschluß) einen vorbereiteten Rosmarinzweig geben und mit Heidelbeeressig auffüllen. Der Rosmarinzweig muß vollständig mit Essig bedeckt sein.

Tip: Dieser fruchtige Essig mit Rosmarinaroma eignet sich hervorragend zum Marinieren von Vorspeisensalaten, zum Verfeinern von Wildgerichten und zum Abrunden von feinen Saucen.

Erdbeeressig mit Basilikum

600 g Erdbeeren
1000 ml Weißweinessig
2–3 Zweige frisches Basilikum (evt. Zitronenbasilikum)
1 EL grüne Pfefferkörner

Essig aufkochen, vom Herd ziehen und über die zerdrückten Erdbeeren gießen. Zugedeckt 2–3 Wochen reifen lassen. Anschließend filtern, in die vorbereiteten Flaschen füllen und verschließen. In jede Flasche vor dem Auffüllen einige Pfefferkörner und einen Basilikumzweig geben.

Tip: Dieser Essig harmoniert wunderbar mit allen feinen Blattsalaten, z.B. Rucola mit Nüssen und Ziegenkäsebällchen.

Stachelbeeressig

200–300 g Stachelbeeren
1000 ml Apfelessig
evt. Schale einer unbehandelten Zitrone

Stachelbeeren entstielen, waschen und den Blütenansatz entfernen. In ein Ansatzglas geben und mit Essig übergießen. Ca. 2–3 Wochen reifen lassen. Essig filtern, evt. mit einer dünnen Zitronenspirale in Flaschen füllen und verschließen.

***Tip:** Sehr dekorativ wirkt ein Stachelbeerspieß in der Flasche. Dazu spießt man auf einen Holzspieß einige Stachelbeeren (evt. 2 Farben abwechselnd) auf. Um den Spieß wickelt man eine dünne Zitronenspirale. Dieser Essig paßt gut zu Fischsalaten und zur Verfeinerung von Fischspezialitäten.*

Brombeer-Zitronen-Aromaessig

250 g Brombeeren (evt. Waldbrombeeren)
1000 ml Weinessig
1 unbehandelte Zitrone
evt. einige Zweige Zitronenthymian

Brombeeren in ein geeignetes Gefäß geben, mit Essig übergießen und ca. 3 Wochen durchziehen lassen. In weithalsige Flaschen Zitronenscheiben oder -spalten und Zitronenthymian dekorativ einschichten. Nun mit dem gefilterten Brombeeressig auffüllen und verschließen.

***Tip:** Eine wunderbare Variante zum Abschmecken von kurz gebratenem Wild und Innereien wäre z.B. Brombeeressig mit Orangen und Orangenthymian.*

Roter Ribisel-Gewürzessig

200 g Rote Ribiseln
1000 ml Apfelessig
4–5 Nelken
3 Neugewürzkörner
1 TL Korianderkörner
1 kleine Muskatblüte
2 Lorbeerblätter
1 kleines Stück Ingwer

Ribiseln etwas zerdrücken bzw. grob zerkleinern und zusammen mit den Gewürzen in ein geeignetes Gefäß geben. Mit Essig übergießen und ca. 4 Wochen reifen lassen. Anschließend filtern, in Flaschen füllen und verschließen. Gewürze können als Dekoration in den Essig gegeben werden.

***Tip:** Dieser Ribiselessig eignet sich vor allem zur Verfeinerung von herzhaften Fleisch- und Geflügelsalaten. Wenn Sie die Roten Ribiseln durch Schwarze ersetzen und zusätzlich einige Chili- oder Pfefferonischoten beifügen, erhalten Sie eine extrascharfe Fruchtessigvariante.*

Weichselessig mit Zimt und Orangen

300 g Weichseln
1000 ml Weinessig
2 Zimtstangen
Schale einer ungespritzten Orange
1–2 EL Blütenhonig

Weichseln entkernen, in ein Gefäß schichten, mit Honig vermischen und mit Essig übergießen. 2–3 Wochen reifen lassen, anschließend filtern. Zimtstangen mit dünn abgeschälter Orangenschale umwickeln und in jede Flasche eine umwickelte Zimtstange geben. Nun mit Weichselessig aufgießen und verschließen.

Tip: Dieser Essig kann auch mit Kirschen oder aromatischen Zwetschken zubereitet werden.

Apfel-Estragon-Aromaessig

300 g unbehandelte Äpfel (ca. 3 Stück)
1000 ml Apfelessig
2 EL Senfkörner
1–2 Estragonzweige

Äpfel gründlich waschen, mit einem Apfelausstecher entkernen und in Scheiben oder Spalten schneiden. Zusammen mit Estragonzweigen und Senfkörnern in schöne Flaschen oder Gläser füllen. Mit Essig auffüllen, verschließen und ca. 2–3 Wochen reifen lassen.

Tip: Dieser Aromaessig eignet sich gut zum Verfeinern von Salaten und zum Würzen von Speisen.

FRISCHLAGERUNG VON OBST

Die Lagerung von Frischvorräten ist neben der Herstellung von Trockenobst die älteste Methode der Vorratshaltung. Frischobstlagerung hat auch heute noch eine große Bedeutung für den landwirtschaftlichen Haushalt und für Gartenbesitzer. Durch die Einlagerung von frischen Äpfeln und Birnen aus dem eigenen Garten können Sie Ihren Speiseplan in den Wintermonaten mit Frischobst bereichern. Wer die Möglichkeit zum Frischobstlagern in geeigneten Kellern bzw. geeigneten Lagerräumen oder Kisten hat, sollte diese nutzen und sich bei Obstbauern mit günstigen Saisonangeboten aus der Region eindecken. Nicht alles, was uns knackig, frisch und glänzend das ganze Jahr über aus den Obstregalen anlacht, ist gesünder als unsere heimischen Obstspezialitäten. Durch die modernen Technologien der Obstlagerung (CA-Lager = „controlled atmosphere") sind sehr viele traditionelle Obstsorten von großer innerer Qualität (Geschmack, Inhaltsstoffe) in Vergessenheit geraten. Durch das ganzjährige Überangebot haben wir verlernt, unsere Früchte in der jeweils natürlichen Reifezeit zu genießen.
Frischlagern hat den großen Vorteil, zu wissen, woher das Obst kommt und wie es produziert wird. Gerade bei Äpfeln und Birnen ist das Frischlagern eine echte Alternative zu den herkömmlichen Konservierungsmethoden. Es ist energiesparend, bedarf eines geringen Arbeitsaufwandes, und eingelagertes Frischobst versorgt uns mit wertvollen Vitaminen und Mineralstoffen.

Die Qualität und Lagerfähigkeit ist von folgenden Faktoren abhängig:

- ***Richtige Sortenwahl:*** Verwenden Sie nur spätreife und lagerfähige Sorten. Achten Sie bereits beim Kauf der Obstbäume auf lagerfähige Sorten.
- ***Fachgerechte Pflegemaßnahmen:*** z.B. Schnitt der Bäume, Schädlingsbekämpfung, Düngung etc. Flecken und beginnende Faulstellen bei Kernobst sind Anzeichen für spätere Fäulnisgefahr beim Lagern.
- ***Richtiger Erntezeitpunkt:*** Lagersorten (vor allem Wintersorten) werden baumreif, d.h. vor der vollen Genußreife, geerntet. Bei entsprechenden Lagerbedingungen entwickelt und hält sich das Aroma in bester Qualität. Voll ausgereiftes Obst ist nur kurzfristig lagerfähig und muß zuerst verbraucht werden. Winter- und Herbstsorten sind dann pflückreif, wenn sich die Mehrzahl der Früchte leicht vom Baum lösen läßt.
- ***Sortierung:*** Auf eine fachgerechte Vorbereitung und Sortierung ist zu achten. Das Obst muß nach Sorten und Arten getrennt gelagert werden. Beschädigtes bzw. leicht beschädigtes Obst darf nicht eingelagert werden. Obst und Gemüse müssen immer getrennt gelagert werden, da Obst Äthylen abgibt und der Abbauprozeß von Gemüse und Kartoffeln beschleunigt wird. Obst nimmt leicht Fremdgerüche auf und darf daher nicht neben stark riechenden Produkten gelagert werden.
- ***Lagerräume und Einrichtungen:*** Die Beschaffenheit bzw. Bedingungen der Lagerräume und entsprechenden Lagervorrichtungen sind ebenso entscheidend für die gute Qualität des Lagerobstes.
- ***Kontrolle:*** Laufende (wöchentliche) Kontrolle ist unerläßlich für die Erhaltung der Qualität der Früchte. Fauliges Obst und Obst mit Lagerkrankheiten sofort aussortieren. Obst mit leich-

ten Qualitätseinbußen (leichte Druckstellen, leicht verschrumpelt) sofort weiterverarbeiten zu Obstmus, Kompott oder Trockenobst.

Möglichkeiten der Lagerung

Einlagern im Keller

Seit jeher dient zur Frischlagerung ein guter Keller. Er muß folgende Kriterien erfüllen:
- gleichmäßige Temperatur von +2–7° C (keinesfalls unter 0° C)
- relative Luftfeuchtigkeit von 85–90%
- kühl, dunkel und gut belüftbar

Es empfiehlt sich, für die genaue Kontrolle der Lagerbedingungen im Keller ein Thermometer und ein Hygrometer (Luftfeuchtigkeitsmesser) anzubringen. Durch eine gleichmäßig tiefe Temperatur wird die Genußreife der Früchte verlängert bzw. hinausgeschoben. Sollte Frostgefahr bestehen, kann man das Obst mit Decken oder Folien abdecken. Durch zu geringe Luftfeuchtigkeit verliert Obst die Feuchtigkeit und trocknet somit aus, welkt bzw. schrumpelt. Abhilfe schafft das Benetzen des Bodens mit Wasser, das Aufstellen von Wasserkübeln oder ein feuchtes Sanddepot. Eine zu hohe Luftfeuchtigkeit fördert die Entwicklung von Schimmelpilzen und Fäulniserregern. Abhilfe schafft das Aufstellen eines Kübels mit ungelöschtem Kalk wie auch regelmäßiges Lüften.
Lagereinrichtungen: Für Äpfel und Birnen eignen sich Lattenkisten bzw. Stellagen, die aufeinander gestellt oder in ein passendes Gestell eingeschoben werden können.
Weiters eignen sich flache Obstkisten oder -steigen bzw. -plateaus, die sich leicht stapeln lassen. Es ist zu beachten, daß die Luft rundherum gut durchstreichen kann. Solche Einrichtungen sind im Handel erhältlich oder können von handwerklich Begabten leicht selbst gebastelt werden. Achten Sie auf transportable bzw. keine fest montierten Lagereinrichtungen, damit diese bei der jährlichen Reinigung leicht zu handhaben sind.

Einlagern in Foliensäcken

Bei zu warmen oder zu trockenen Kellern ist dies eine einfache Methode. Auch andere Räume mit einer konstanten Temperatur von 8–15° C sind dazu geeignet. Es darf nur lagerfähiges unbeschädigtes Obst in lebensmittelechten Foliensäcken bevorratet werden. Dafür gibt es speziell entwickelte Foliensäcke aus Polyäthylen, die im Fachhandel erhältlich sind. Sie sind aus dünner, leicht luftdurchläßiger Folie hergestellt und in verschiedenen Größen erhältlich. Es können auch andere lebensmittelechte Säcke, z.B. Gefrierbeutel (keine Müllsäcke oder ähnliches), verwendet werden. Diese werden nach ca. 10–14 Tagen Obstlagerzeit mit einer Nadel mehrmals leicht eingestochen. Die Einlagerung des Obstes erfolgt nach Sorten getrennt frühestens 2 Tage nach der Ernte. Die Säcke werden erst geschlossen, wenn sich die Temperatur der Früchte der Lagertemperatur angeglichen hat. Wird dies nicht eingehalten, bildet sich im Sack

Kondenswasser, und das Obst fängt leicht zu faulen an. Das Lagergut regelmäßig kontrollieren und schlechtes Obst sofort aussortieren. Sollte sich am Boden Kondenswasser gebildet haben, muß der Sack offengelassen werden, damit das Wasser verdunsten kann. Beim Braunwerden (Sauerstoffmangel) der Früchte die Säcke nicht verschließen, sondern nur leicht zudrehen.

Einlagern in Isolationskisten

Diese Art der Lagerung ist ideal für Kleinhaushalte und jene, die wenig Lagermöglichkeiten haben. Mit den Spezialkisten können Sie Äpfel und Birnen am schattigen Balkon, auf dem Dachboden, im Gartenhäuschen etc. sehr gut lagern. Die Kisten werden am besten an einem geschützten, schattigen Ort aufgestellt und dürfen nicht direkt der Sonne oder dem Regen ausgesetzt werden. Diese Behälter gleichen Temperatur- und Feuchtigkeitsschwankungen zwischen Tag und Nacht während der Wintermonate aus. Das Obst zum Einlagern in Kisten muß trocken und von einwandfreier Qualität sein. Die gefüllten Obstkisten erst nach ca. einer Woche verschließen, damit sich das Obst an die Umgebungstemperatur anpassen kann. Es ist auch hier eine regelmäßige Kontrolle und Aussortierung von nicht einwandfreien Früchten notwendig. Bei längeren Frostperioden werden die Kisten zusätzlich mit isolierenden Folien bzw. Decken geschützt. Isolierkisten sind im Fachhandel in verschiedenen Größen erhältlich, können aber auch leicht selbst hergestellt werden. Sie brauchen dazu stabile Holzkisten mit Lüftungsschlitzen bzw. Fugen; diese legen Sie mit Styroporplatten aus. Damit ein geringer Luftaustausch stattfinden kann, sind am oberen Rand der Kisten Lüftungsschlitze anzubringen. Dazu schneiden Sie kleine Dreiecke (3–4 cm) heraus.

Lagerfähige Obstsorten

Äpfel

Herbstsorten: Sie können bei guten Bedingungen bis Ende Dezember/Anfang Jänner gelagert werden. Z.B. Alkmene, Berner Rosenapfel, Croncels Transparent, Geheimrat Oldenburg, Grafensteiner, Jakob Lebel, James Grieve, Lobo, McIntosh, Oldenwälder.
Wintersorten: Diese sind bei guten Bedingungen bis Ende März/Anfang April lagerfähig. Z.B. Reinette, Bohnapfel, Brünnerling („Welser"), Cox Orange, Elstar, Freiherr von Berlepsch (Goldreinette), Gelber Bellfleur, Gloster, Golden Delicious, Idared, Jonagold, Jonathan, Kaiser Alexander, Kaiser Wilhelm, Kronprinz Rudolf, Lavantaler Bananenapfel, Ontario, Krummstiel, Winterrambour, Roter Boskoop, Steirischer Maschanzker, Glockenapfel, Wintergoldparmäne.

Birnen

Sie haben eine geringere Lagerfähigkeit als Äpfel und müssen öfter kontrolliert werden. Die Haltbarkeit ist meist nur bis Dezember gegeben.

Herbstsorten: Alexander Lukas, Flaschenbirne, Conferencebirne, Butterbirne, Gute Luise, Köstliche von Charneux.
Wintersorten: Gräfin von Paris, Forellenbirne, Pastorenbirne, Präsident Drouard.

Quitten

Apfel- oder Birnenquitten werden von September bis November, meist nach den ersten Nachtfrösten geerntet. Quitten zum Einlagern müssen fest und frei von Druckstellen sein. Bei kühler Lagerung (Keller) halten sich Quitten 2 bis 3 Monate. Quitten unbedingt getrennt von anderen Lebensmitteln lagern, da sie einen intensiven Duft verströmen, der sich leicht auf andere Lebensmittel überträgt. Oft werden Quitten noch zusätzlich in Seidenpapier gewickelt.

LEBENSMITTELKENNZEICHNUNG UND VERPACKUNGSTIPS

LEBENSMITTELKENNZEICHNUNGSVERORDNUNG (1993)

Folgende Elemente müssen am Etikett vorhanden sein:

Handelsübliche Sachbezeichnung (Verkehrsbezeichnung)

Sie gibt Aufschluß über den Produktnamen und den physikalischen Zustand oder eine besondere Behandlung der Ware (z.B. getrocknet, kandiert). In Österreich wird durch den Lebensmittelcodex festgelegt, welche Bezeichnung bestimmte Produkte tragen dürfen und welche Anforderungen ein Produkt erfüllen muß (z.B. Liköre müssen einen Alkoholgehalt von mindestens 15 vol.% haben). Produkte, für die es keine festgelegte Sachbezeichnung gibt, müssen eine Beschreibung aufweisen, die Rückschlüsse auf die Art der Beschaffenheit der Ware ermöglicht. Bei Phantasienamen, wie z.B. „Waldmeisters Hausgeheimnis", muß die Ware zusätzlich eine verständliche Beschreibung des Produktes, z.B. Früchtetee etc., aufweisen.

Mengenangabe

Die Mengenangabe gibt Auskunft über den Inhalt der Verpackung. Bei flüssigen Waren erfolgt die Mengenangabe in Milliliter (ml) oder Liter (l). Bei festen Waren in Gramm (g) oder Kilogramm (kg) oder nach der Stückzahl (z.B. Gemüse). Wird eine Ware in Aufgußflüssigkeit angeboten (z.B. süß-sauer eingelegtes Obst, Kompotte etc.) ist zusätzlich die Nettofüllmenge (Abtropfgewicht) ohne Flüssigkeit anzugeben. Mit Ausnahme von Kräutern und Gewürzen muß bei Waren mit einem Gewicht unter 5 Gramm (5 g) oder 5 Milliliter (5 ml) keine Mengenangabe erfolgen.

Mindesthaltbarkeitsdatum

Das Mindesthaltbarkeitsdatum gibt Auskunft darüber, bis zu welchem Zeitpunkt das Produkt bei entsprechender Lagerung seine spezifischen Eigenschaften behält.
„mindestens haltbar bis ..." – Tag und Monat müssen genannt werden, wenn die Haltbarkeit weniger als drei Monate beträgt.
„mindestens haltbar bis Ende ..." – bei dieser Bezeichnung werden Monat und Jahr genannt, wenn die Haltbarkeit zwischen 3 und 18 Monaten liegt. Wenn die Haltbarkeit mehr als 18 Monate beträgt, erfolgt nur die Angabe des Jahres.
Grundsätzlich wird die Haltbarkeit von den Herstellern in Eigenverantwortung festgelegt, einige Produkte, wie z.B. frischer Fisch, sind im Codex geregelt.

Zutatenverzeichnis

Das Zutatenverzeichnis benennt alle jene Stoffe, die bei der Herstellung des Produktes verwendet wurden und im Endprodukt vorhanden sind. Die Aufzählung der Zutaten ist mit der Bezeichnung „Zutaten" oder mit einem Wort, das mit „Zutaten" beginnt (z.B. Zutaten, Zutatenverzeichnis oder Zutatenliste) einzuleiten. An erster Stelle steht die Zutat, von der die größte Menge verwendet wurde, an letzter Stelle ist die Zutat mit dem geringsten Mengenanteil zu finden.
Zusatzstoffe sind eine besondere Art von Zutaten. Da sie in sehr geringen Mengen verwendet werden, stehen sie meist am Ende der Zutatenliste. Auch für Zusatzstoffe gibt es Klassennamen (z.B. Farbstoff, Konservierungsmittel, Verdickungsmittel), sie informieren über den Verwendungszweck. Der Klassenbezeichnung (z.B. Säuerungsmittel) muß der Zusatzstoff namentlich (Zitronensäure) oder die E-Nummer (E 330) folgen. Die E-Nummern sind in allen EU-Ländern einheitlich. Bei der Verwendung von Zutaten wie z.B. Gelierzucker oder Einmachhilfe darf im Zutatenverzeichnis nicht Gelierzucker 2:1 angegeben werden, sondern neben den verwendeten Früchten die Inhaltsstoffe dieses Spezialgelierzuckers (Zucker, Säuerungsmittel Zitronensäure, Geliermittel Pektin, Konservierungsmittel Sorbinsäure).
Anmerkung: Das Zutatenverzeichnis ist für Packungen, die eine bestimmte Größe unterschreiten (10 cm^2 Einzelfläche), nicht vorgeschrieben.

Name und Anschrift des Herstellers, Verpackers oder Verkäufers

Die Herstellerangabe ist der Herkunftsnachweis der Ware. Anzugeben sind der Name oder die Firma sowie die Anschrift des Herstellers, Verpackers oder eines in der Europäischen Union niedergelassenen Verkäufers. Etwaige Ergänzungen wie Haus- oder Hofname können ebenfalls am Etikett aufscheinen.

Sonstige Regelungen

Temperatur- und Lagerbedingungen

Derartige Informationen sind anzugeben, wenn sie für die Einhaltung der Haltbarkeit wesentlich sind, z.B. „kühl und dunkel lagern", „nach dem Öffnen rasch verbrauchen" etc.
Weiter Beispiele sind:
„lichtgeschützt lagern": wichtig z.B. bei Kräuterölen, die mit kaltgepreßten Ölen hergestellt werden, deren Anteil an mehrfach ungesättigten Fettsäuren durch die Einwirkung von Licht bzw. Sonneneinstrahlung deutlich vermindert wird;
„trocken lagern": bei einer maximalen Luftfeuchtigkeit von 70%;
„kühl lagern": zwischen 15–18° C;
„gekühlt lagern": im Kühlschrank zwischen 0–6° C.

Gebrauchsanweisung

Eine Gebrauchsanweisung ist nur dann vorgesehen, wenn sie für die Verwendung erforderlich ist. Bei Sirupen muß zum Beispiel eine Verdünnungsanleitung (zu verdünnen 1 : 5) angegeben sein.

Loskennzeichnung

Für die Erzeuger muß durch die Angabe der Losnummer (Chargennummer) die Möglichkeit gegeben sein, auf das Erzeugungsdatum zu schließen. Unter dem Begriff „Los“ versteht man alle Verkaufseinheiten, die unter praktisch gleichen Bedingungen erzeugt wurden. Der Losangabe muß ein „L“ vorangestellt sein, danach folgt eine Zahlen- und/oder Buchstabenkombination. Die Angabe des Loses darf entfallen, wenn bei einem Lebensmittel das Mindesthaltbarkeitsdatum nach Tag und Monat angegeben ist.

Nährwertkennzeichnung

Grundsätzlich erfolgt die Nährwertkennzeichnung freiwillig. Werden jedoch nährwertbezogene Angaben (z.B. zuckerarm, zuckerfrei) am Etikett angebracht oder Hervorhebungen von Inhaltsstoffen und Zutaten (z.B. reich an Vitamin C) gemacht, tritt die Nährwertkennzeichnung in Kraft.

Alkoholgehalt

Der Alkoholgehalt in Volumenprozent (vol.%) muß angegeben werden, wenn dieser über 1,2 vol.% liegt.

Sonstiges

Bei Konfitüren, Marmeladen und Gelees muß lt. Konfitürenverordnung folgendes vermerkt sein: *„Hergestellt aus ...g Früchten je 100 g“* und *„Gesamtzuckergehalt ...g je 100 g“*. Bei der Bezeichnung Fruchtaufstrich können diese Vermerke entfallen. Bei der Herstellung von Konfitüren, Marmeladen und Gelees ist die Konfitürenverordnung im Lebensmittelcodex zu beachten. Auch bei allen anderen Produkten, die durch Vermarktung an Dritte abgegeben werden, sind die jeweiligen Codexvorschriften zu beachten und einzuhalten.

Hinweise für Direktvermarkter

Dieses Kapitel gibt nur einen Überblick über die allgemein wichtigen Kennzeichnungsvorschriften und erhebt keinen Anspruch auf Vollständigkeit. Wer in die Vermarktung einsteigen möchte, sollte sich unbedingt mit der zuständigen Lebensmittelbehörde bzw. den speziellen Referaten der Landwirtschaftskammern in Verbindung setzen.

Beispiele für Kennzeichnung

Sachbezeichnung Beispiel	**Mengenangabe**	**Mindesthaltbarkeit**	**Zutaten**	**Name, Anschrift**	**Sonstiges**
Waldbeerentee Früchtetee-mischung	100 g	mindestens haltbar bis Ende 2000	Waldhimbeeren, Waldbrombeeren, Hagebutten, Himbeerblätter, Brombeerblätter	Vitus Waldmeister Waldstraße 1 4020 Linz	– kühl und trocken lagern – 1 EL Früchtetee-mischung mit 1/4 l heißem Wasser übergießen und mindestens 10 Minuten ziehen lassen – L 9/98
Trockenobst-mischung	150 g	mindestens haltbar bis Ende 2000	Äpfel, Birnen, Zwetschken, Walnüsse	Zäzilia Baum Apfelweg 9 4020 Linz	– kühl und trocken lagern – L 12/98
Himbeer-Ribisel-Sirup	1 l	mindestens haltbar bis Ende März 2000	Zucker, Himbeersaft, Ribiselsaft, Säuerungsmittel: Zitronensäure	Fam. Seer vulgo Reiterbauer Am Berg 1 5633 Gastein	– im Verhältnis 1:6 verdünnen – L 37/97
Erbeerfrucht-aufstrich mit Holunderblüten	250 g	mindestens haltbar bis 31. 5. 1999	Erdbeeren, Zucker, Holunderblüten, Säuerungsmittel: Zitronensäure, Geliermittel: Pektin	Frieda Fischer Im Tal 7 5633 Gastein	– nach dem Öffnen gekühlt lagern

Pfirsichkonfitüre mit Vanille	200 g	mindestens haltbar bis 31. 8. 1999	Pfirsiche, Zucker, Pfirsichbrand, echte Vanille, Geliermittel: Apfelpektin, Säuerungsmittel: Zitronensäure, Konservierungsmittel: Sorbinsäure	Fam. Weitgassner Lindenweg 3 4020 Linz	– hergestellt aus 50 g Früchten je 100 g – Gesamtzuckergehalt 55 g je 100 g
Apfelmus durch Erhitzen haltbar gemacht	500 g	mindestens haltbar bis Ende Mai 1999	Äpfel, Wasser, Zucker, Zitronensaft, Gewürze	Rosalie Hauser Lindach 15 4511 Allhaming	– nach dem Öffnen gekühlt lagern rasch verbrauchen – L 77/98
Grüne Walnüsse süß-sauer	Nettofüllmenge: 330 g Abtropfgewicht: 195 g	mindestens haltbar bis Ende 2000	Kandiszucker, grüne Walnüsse, Apfelessig, Wasser, Gewürze	Marianne Fritz Sonnenweg 1 4070 Eferding	– kühl und dunkel lagern – L 121/98
Erdbeeraroma-essig mit Basilikum	250 ml	mindestens haltbar bis 31. 8. 1999	Weißweinessig, Erdbeeren, Basilikum, grüne Pfefferkörner	Hans Beran Kräutergasse 17 4020 Linz	– kühl und dunkel lagern
Quittenlikör	250 ml	–	Kornbrand, Quittensaft Kandiszucker Orangenschalen	Gerti Sonnenschein Blumenweg 7 3314 Strengberg	– 21 vol.% – L 21/99

TIPS FÜR DIE VERPACKUNG UND DEKORATION

Die in Ihrer Küche entstandenen Köstlichkeiten sollten durch ein dekoratives „Outfit" ihren letzten Schliff bekommen. Direktvermarkter wissen, wie wichtig die Präsentation und das äußere Erscheinungsbild des Produktes für die Kaufentscheidung sind. All jene, die gerne Selbstgemachtes verschenken, können durch liebevolle Aufmachung ihre Kreativität zum Ausdruck bringen. Die Dekoration muß mit dem Grundprodukt harmonieren. Das Eingemachte sollte dabei immer im Vordergrund stehen und darf nicht durch zu gut gemeinte Verzierungen in den Hintergrund gedrängt werden. Naturmaterialien sind immer im Trend. Der besondere Reiz liegt in ihrer Vielfalt an Formen und Farben, die somit die „Sinnlichkeit" des Produktes verstärken. Mit wenig Aufwand können Sie dabei eigene Kreationen entwickeln.

Verpackungsmaterialien

- Originelle ***Flaschen, Gläser, Ton- und Steinguttöpfe*** in verschiedenen Formen, Farben und Größen. Sammeln Sie laufend formschöne Gefäße für Ihre Spezialitäten.
- ***Stoffe- und Stoffreste*** aus Baumwolle oder Leinen (bunt oder uni), Jutestoffe, ...
- ***Papier*** in verschiedenen Strukturen und Stärken, z.B. Buntpapier, braunes Tonpapier, Kokosfaserpapier, Strukturpapier, handgeschöpftes Papier, ...
- Getrocknete ***Naturmaterialien:*** Orangen- und Zitronenscheiben, getrocknetes Obst, z.B. Apfelringe, Kräuter und Blumen, Gewürze (Zimtstangen, Gewürznelken, Muskatnüsse und -blüten, Ingwerwurzeln, Sternanis), getrocknete Blätter (z.B. Weinblätter), kleine Äste usw.
- ***Dekobänder:*** Bast (natur oder farbig), Fäden, Schnüre, Kordeln, Bänder aus Jute, Rips oder Seide, Borten (uni oder bedruckt), Golddrähte usw.
- ***Sonstiges:*** Wachsplatten und -siegel, Holzplättchen und -kugeln, Korken, Stoffdruckfarben und -motive, Etiketten usw.

Literaturverzeichnis

AID – Auswertungs- und Informationsdienst für Ernährung, Landwirtschaft und Forsten e. V. – Lebensmittelvorrat 1269/1994 und Haltbarmachen von Lebensmitteln 1270/1994

COLDITZ Gabriele: Früchte einkochen – kandieren, einlegen, Eugen Ulmer GmbH & Co, Stuttgart 1991

FLATNITZER Ida: Obst und Gemüse auf Vorrat, Leopold Stocker Verlag, Graz – Stuttgart 1978

GAIGG Walter: Ansatzschnäpse und Liköre, Leopold Stocker Verlag, Graz – Stuttgart 1996

LANDWIRTSCHAFTSKAMMER FÜR OBERÖSTERREICH: Was Sie immer schon über Marmelade wissen wollten. Referat Ernährung FL Marianne Dieplinger, FL Grete Pühringer; Leitfaden: Bäuerliche Kreativ-Produkte aus Obst und Gemüse – Referat Ernährung und Direktvermarktung, Linz 1996

MARTI Oskar: Herbst in der Küche, Hallwag Verlag, Bern – Stuttgart 1994

OBERMAIR Marianne, SCHNEIDER Romana: Haltbarmachen – Gemüse, Kräuter, Pilze, Leopold Stocker Verlag, Graz 1997

OÖ LANDESVERBAND DER BÄUERLICHEN DIREKTVERMARKTER: Mitgliederinformation: Direkt gesagt 98/1

PUTZ Seraphine: Gesundheit speichern in Küche und Keller, Tyrolia-Verlag, Innsbruck – Wien 1986

RADKE Monika: Vorratshaltung im Landhaushalt, Landwirtschaftskammer Weser-Ems, Oldenburg 1986

RUST Hildegard: Praktische Vorratshaltung zu Hause, Alois Knürr Verlags GmbH, 1995

SCHLECHTA Ingrid: Köstliche Wildfrüchte und Wildgemüse, Gräfe und Unzer GmbH, München

STUDER/ DAEPP/ SUTER: Vorratshaltung von Obst und Gemüse, Verlag Eugen Ulmer, Stuttgart 1990

WIENER Marie-Theres: Haltbarmachen heute, Buch und Zeit Verlagsgesellschaft mbH, Köln 1994